suhrkamp taschenbuch 3014

Boxen: dieser vorgeblich so brutale und primitive Sport belehrt die moderne Zivilisation über sich selbst. Jeder Faustkampf, den das Scheinwerferlicht aus dem Dunkel einer tobenden Arena schneidet, markiert eine Grenzerfahrung, die das zivilisierte Bewußtsein vehement erschüttert: In der Sphäre eines Boxduells hat das fünfte Gebot, haben die Imperative der Vernunft keine Geltung mehr.

Michael Kohtes hat in seiner informativen wie unterhaltsamen »Faustschrift« eine kleine Kulturgeschichte des Boxens geschrieben: Von seinen Anfängen in der Antike, über das Mittelalter und die frühe Neuzeit bis heute reicht sein Gegenstand. Im Seilgeviert, diesem magischen Quadrat, wird die Umwertung aller abendländischen Werte demonstriert: Was du nicht willst, daß man dir tu, das füge deinem Gegner zu.

Und so verwundert es nicht, daß gerade Intellektuelle und Dichter sich für diesen Sport interessierten. Kohtes schildert in seinem Spaziergang durch die Boxkultur die wechselseitigen Beziehungen von Sport und Intelligenz, zeigt mit Witz und Ironie, daß Literaten gerne über Leichen gehen.

Michael Kohtes, geboren 1959, lebt als Autor und Rundfunkredakteur in Köln. Von ihm erschienen u. a. *Der Rausch in Worten. Ein Essay*, zusammen mit Kai Ritzmann (1987); *Hysterie und Beschwichtigung. Ausgewählte Gedichte 1984-1990* (1990); *Nachtleben. Topographie des Lasters* (1994); *Literarische Abenteurer. Dreizehn Portraits* (1996).

Michael Kohtes
Boxen
Eine Faustschrift

Suhrkamp

Umschlagfoto: Thomas Hoepker/Magnum/Focus

suhrkamp taschenbuch 3014
Originalausgabe
Erste Auflage 1999
© der deutschen Ausgabe
Suhrkamp Verlag Frankfurt am Main 1999
Suhrkamp Taschenbuch Verlag
Alle Rechte vorbehalten, insbesondere das
des öffentlichen Vortrags, der Übertragung
durch Rundfunk und Fernsehen
sowie der Übersetzung, auch einzelner Teile.
Kein Teil des Werkes darf in irgendeiner Form
(durch Fotografie, Mikrofilm oder andere Verfahren)
ohne schriftliche Genehmigung des Verlages reproduziert
oder unter Verwendung elektronischer Systeme
verarbeitet, vervielfältigt oder verbreitet werden.
Satz: Hümmer, Waldbüttelbrunn
Druck: Nomos Verlagsgesellschaft, Baden-Baden
Printed in Germany
Umschlag nach Entwürfen von
Willy Fleckhaus und Rolf Staudt

1 2 3 4 5 6 – 04 03 02 01 00 99

»La boxe est le sport qui laisse une place au génie.«
Jean Prévost, *Plaisirs des Sports* (1925)

Ecce homo (Faustskizze)

Nichts ist nackter und somit der Wahrheit näher als das Antlitz eines vom Kampf gezeichneten Boxers. Das Martyrium eines Faustkampfs, dieser Amazonas der Schmerzen, hinterläßt seine Spuren weniger am Körper als vielmehr im Gesicht des Athleten. Die klaffenden Risse, seine zu Schlitzen geschwollenen Augen, das aus Nase und Mund fließende Blut – all diese Zurichtungen entstellen es fürchterlich. Doch für den, der genau hinsieht: zur Kenntlichkeit. Einen schutzlosen Moment lang offenbart sich, was Haut und Fleisch und Haar gewöhnlich maskieren: die Anwesenheit des Kommenden. Das zerschundene Antlitz eines Boxers legt uns die Vergänglichkeit vor Augen – und erinnert daran, daß hinter unserem Gesicht schon der Totenkopf sitzt ...

Kain sprach zu seinem Bruder Abel: »Komm, wir wollen aufs Feld gehen!« Als sie auf dem Feld waren, stürzte sich Kain auf seinen Bruder und erschlug ihn. Und Gott sah, daß der Mensch nicht gut war, sondern grausam – ein Knecht seiner finsteren Mächte, die ihn zu Greueltaten jedweder Art trieben. Wie die heillose Gattung jedoch zur Vernunft kam, suchte sie ihre selbstzerstörerischen Kräfte zu bannen, indem sie Mord und Totschlag (und einige Übel mehr) *tabuisierte*.

Sigmund Freud sah das Tabu »gegen die stärksten Gelüste der Menschen gerichtet«, wobei die Begierden, bewußt oder unbewußt, naturgemäß fortbestehen. Tiefer nämlich noch als die heilige Scheu sitzt uns der Stachel des Bösen. Und daß selbst die Mordlust zum dauerhaften Bestand unseres Affekthaushalts gehört, lehrt schon ein Blick in die Geschichte des Krieges.

In der französischen Kriegergesellschaft des 13. Jahrhunderts beispielsweise war die Freude am Quälen und Töten noch ungebremst, denn es war, wie Norbert Elias nachgewiesen hat, »eine gesellschaftlich erlaubte Freude«. Unsere Einstellung zu solcherart Destruktivität mag sich im Laufe des Zivilisationsprozesses grundlegend gewandelt haben. Die menschlichen Triebenergien wie Kampf- und Angriffslust sind damit freilich mitnichten eliminiert, allenfalls transformiert und zur Abventilierung in bestimmte, vermeintlich harmlose Bahnen gelenkt worden.

Derweil läßt sich, zumal im Hinblick auf unser Jahrhundert, kaum übersehen, daß Affektkontrolle und Selbstdisziplinierung einem zivilisatorischen Fortschritt geschuldet sind, dem der Rückfall in die Barbarei jederzeit immanent ist. Vor dem Hintergrund seiner technologisch gesteigerten Zerstörungspotentiale, seiner Folterapparaturen und Vernichtungslager zeigt sich der Mensch, im Unterschied zum Tier, als ein bestialisches Wesen. Er bleibt ein mühsam und nur bedingt gezähmtes Ungeheuer.

Was das mit Boxen zu tun hat? Nun, dieser vorgeblich so brutale und primitive Sport belehrt die moderne Zivilisation über sich selbst. Jeder Faustkampf, den das Scheinwerferlicht aus dem Dunkel einer tobenden Arena schneidet, markiert eine Grenzerfahrung, die das zivilisierte Bewußtsein vehement erschüttert: Zwei Männer kämpfen um ihr Leben! In der Sphäre eines Boxduells hat das fünfte Gebot, haben die Imperative der Vernunft keine Geltung mehr. Die Unantastbarkeit des Lebens, das Tabu, einen Menschen zu töten – innerhalb des *magischen Quadrats* darf es überschritten werden. Jeder Fight demonstriert die Umwertung der abendländischen Werte: Was du nicht willst, daß man dir tu, das füge deinem Gegner zu.

Boxer sind Agonisten unter einem leeren Himmel, stets auf sich allein gestellt und mit nichts als ihrer Faust bewaffnet. Obwohl der Mensch seine natürliche Waffe nachweislich nie zu Kriegszwecken gebraucht, kann sie – selbst unter Verwendung der kalbslederenen Fäustlinge – Schreckliches bewirken, wie uns der amerikanische Schwergewichtsboxer Mike Tyson glaubhaft macht: »Ich versuche, die Nasenspitze meines Gegners zu treffen, ich will ihm das Nasenbein ins Gehirn treiben.«

Zwar besteht die Kunst des Boxens primär darin, Treffer zu vermeiden, um nicht getötet zu werden, doch kennt der Vernichtungswille eines Faustfechters im Grunde nur ein Ziel: den Gegner schonungslos und unwiderruflich niederzuschlagen, ihn in die Bewußtlosigkeit zu schicken.

Was Fachmediziner und Moralisten für unverantwortlich halten, ist unverantwortlich. Würde es sonst die Massen elektrisieren? Gebannt, verstört, berauscht von der im Seilgeviert aufbrechenden körperlichen Gewalt und nachgerade hysterisiert, wenn ein Boxer zu bluten beginnt oder getroffen zu Boden sinkt, entfesselt der Faustkampf die unter dem Anpassungsdruck des Alltags gestauten Emotionen. Er bringt unsere Triebreserven zur Entladung und erfüllt damit seinen triebregulierenden Zweck. Doch wie das blutige Spektakel die ins kollektive Unbewußte abgedrängten Elementarkräfte mobilisiert, offenbart es zugleich die zerstörerische, dunkle, unbewältigte Seite unserer Psyche und spiegelt dieserart den Zustand einer Zivilisation, die, allem humanistischen Trainingseifer zum Trotz, von ihrer Idealform nur träumen kann. Einerseits.

Andererseits erlaubt Boxen, den Pugilisten wie dem Publikum, die Teilhabe an Erfahrungsdimensionen, die in archaischen Kulturen das Fest freisetzte. Jene rituellen, an heilige Orte und geweihte Fristen gebundenen Ausschweifungen, die allen Schauder, alle Scheu vor dem gewöhnlich Verbotenen in ihr Gegenteil verkehrten: die Lust am Tabubruch. Denn was uns Furcht einflößt und das Bewußtsein schokkiert, kann auch Verzückung, sogar Wollust auslösen. Wo die Mißachtung des Tötungsverbots feierlich zelebriert, wo der Opferwille entfacht und das Leben aufs Spiel gesetzt wird, verliert das Böse seinen Schrecken, entpuppt sich die Angst als Begierde, als fieberhaftes Verlangen, das zur Ekstase sich steigert, wenn der gewaltsame Tod in spürbare Nähe rückt. Im kultischen Exzeß kommen Eros und Thanatos, höchste Lust und höchste Qual zur Deckung. Doch kann die Raserei nie grausamer sein als das Leben selbst; denn »was uns am heftigsten empört, ist in uns«, konstatiert der französische Denker Georges Bataille. Seinem Wesen nach sei das Leben selbst »ein Exzeß, es ist Verschwendung von Leben«. Weshalb wir im Zustand äußerster Erregung auch bereit seien, unser Leben in Gefahr zu bringen.

Indessen, so lehrt Bataille, haben die einseitig auf zweckrationale Produktivität setzenden Industriegesellschaften die Verschwendungskräfte der wilden, zügellosen Natur in uns mit dem Bannfluch des Unproduktiven, Ineffizienten, eben der »Verschwendung« belegt. Sonach geriet alles, was die Aufrechterhaltung der Ökonomie, die Akkumulation gefährdet – Maßlosigkeit, Rausch, Raserei, Selbsthingabe –, unter Tabu. Allerdings blieb diesem Prozeß der Ausgrenzung die Möglichkeit der Tabu*überschreitung* eo ipso eingeschrieben, wodurch die Verbote ihren eigentlichen, paradoxen Sinn erhalten: Erst durch die Übertretung nämlich und nur in den Augenblicken der Ekstase kann der verdinglichte Mensch seine »Souveränität«, seine authentische Existenz zurückgewinnen. »Das *Ich* ist nur befreit, wenn es *außer sich* ist.« Der Ausnahmezustand als individueller Akt der Befreiung ist Verausgabung in Todesnähe, wo der entgrenzte Blick sich dem Nichts öffnet und die Nichtigkeit aller Apologien durchschaut: Das furios entrückte, riskant sich transzendierende Subjekt »nimmt wirklich das, was es umgibt, als Leere und sich selbst als Herausforderung an diese Leere wahr«. Schreibt Georges Bataille.

Mike Tyson meint: »Außer Boxen ist alles so langweilig.« Begreifen wir die Theorie der Verschwendung und den tieferen Sinn des Tabus, verstehen wir auch die Herausforderung, die das martialische Abenteuer eines Faustkampfs darstellt. Von der härtesten Auseinandersetzung, die sich zwei Athleten liefern können, angezogen zu werden heißt, sich dem Tode zu nähern, dem Wahnsinn, der Selbstentgrenzung. Es sind die Riten der archaischen Opferorgien, die beim Boxen in seiner gesteigerten Variante noch einmal aufblitzen. Wer über zehn, zwölf, fünfzehn Runden durch das Fegefeuer der Fäuste geht, strapaziert seine Existenz bis zum äußersten, beschwört das Leben auf der Höhe des Todes. »Es ist ein schrecklicher Sport, aber es macht Spaß ... Der Kampf geht ums Überleben.« So hat Rocky Graziano, ehemals unangefochtener Weltmeister im Mittelgewicht, den thanatophilen Reiz des Ringgefechts pointiert. Und der Fighter Marvin Hagler, nach seiner Angst vor Wirkungstreffern und Verletzungen befragt, gestand: »Wenn ich Blut sehe, werde ich zum Stier.«

Wo der symbolische (oder reale) Totschlag, der Knockout, sich durchsetzt, *wird das Leben exzessiv*. In diesem Sinne befriedigt Boxen die von der Vernunft gezügelte Begierde, außer sich zu geraten – um zu sich selbst zu kommen.

Was die Menge freilich in ihrem sinnlichen Taumel lediglich von den Sitzen reißt, erfahren ihre Helden am eigenen Leibe. Ihre lädierten, verschwitzten, blutüberströmten Gesichter bezeugen die Echtheit der Ausschweifung, die Erfahrung einer Tortur, die das Schmerzempfinden ins Extreme dehnt, bis an den Punkt, wo der Verstand die Ausnahme feiert und die Pein pneumatisch wird. Denn nur der Pugilist, der den Schmerz bezwingt, mithin die Furcht vor der Selbstvernichtung verliert, kann die Erdenschwere überwinden. Und manchmal, im Kick der Endorphine, sogar über sich hinauswachsen...

Wenn es zutrifft, daß die Aggression zum Inventar der Evolution gehört und daß die Lust an der Verausgabung in unserer Triebstruktur wurzelt, dann ist Boxen eine kultivierte Form der Violenz, eine noble Art, die Sinne zu entregeln. Boxen nämlich ist nie aus blindem Zorn abrupt sich entladende Gewalt. Das Geschehen im Ring folgt festgelegten Regeln und ist in hohem Maße ritualisiert. Der Kampf mit den Fäusten erfordert Disziplin, Intelligenz und Stil. Ein Boxer muß sich selbst erschaffen, er muß Bewegung und Schlagkraft in Einklang bringen, Treffer einstecken und austeilen, Tempo machen und Phantasie entwickeln. Dieses Kampfspiel hat viel Platz für das Geniale, das Absurde und das Ungewisse. Ein Narr, wer darin nur einen Wettstreit sieht. »In seinen intensivsten Momenten«, notiert die amerikanische Autorin Joyce Carol Oates, sei Boxen »ein so ungebrochenes und so machtvolles Bild des Lebens – seiner Schönheit, seiner Verletzlichkeit und Verzweiflung, seines unberechenbaren und oft selbstzerstörerischen Muts –, daß es das Leben selbst ist und kaum ein bloßer Sport.«

Keine andere Sportart jedenfalls hat Dichter und Künstler, Schriftsteller und Mythensammler so fasziniert, inspiriert, manche gar zur Nachahmung animiert wie das Boxen. Und dies über Jahrhunderte hinweg. Woher rührt diese Anziehungskraft? Was lockt feinsinnige Bleistiftathleten in die krude Welt des Faustkampfs? Aus welchen Gedanken, Ideen, Brüchen und Erfahrungen speist sich der Nexus von Kopfarbeit und Leibesübung, von Kreativität und Gewalt? Was ist Kunst, und wie geht Boxen? Wer nach Ursachen forscht und Zusammenhänge beleuchten will, der muß zurück zu den Anfängen. Die Historie des Pugilismus beginnt in der Menschheitsfrühe, und sie läßt sich als Kulturgeschichte am Prozeß der Zivilisation entlang erzählen.

Das Vergnügen der Götter

> »... wenn wir Faustkämpfer wären, würden
> wir da nicht viele Tage vor dem Wettkampf
> boxen lernen und uns abmühen...«
> Platon, *Gesetze*

Wie alle edlen Künste war auch Boxen im Anfang Göttersache, denn bevor sie dem Menschen das Faustrecht schenkten, boxten die Götter selbst. Mit exorbitanten Kräften, mit Wagemut und Ausdauer begabt, nahmen sie jede Herausforderung an. Herakles, auf seinem Weg zur Unsterblichkeit, besiegte den Adler des Prometheus, bändigte den kretischen Stier, hielt sich die Titanen vom Leibe und gewann den Gürtel der Hippolyte. Ein Vorbild an Übungsfleiß und asketischer Lebensführung, wurde er zum Beschützer der Gymnastik. Zudem soll der Zeusbube die Olympischen Spiele gestiftet und den Sterblichen die Kultur gebracht haben. Und war es nicht Atlas, der tief im Westen sein Muskeltraining absolvierte, indem er tagaus, tagein das Gewicht des Erdballs stemmte? Oder denken wir an Apollon, den Gott des Lichts, der Dichtkunst, den Führer der Musen und Liebhaber des Wettkampfs. Bei den ersten Spielen im heiligen Bezirk von Olympia trat er selbst zum Faustkampf gegen Ares an und schlug ihn triumphal. Im lyrischen Gesang ebenso firm wie im Fechten mit der Faust, erkennen wir in ihm das Urbild des Box-Künstlers. Apollon zu Ehren wurden die Pythischen Spiele in Delphi gefeiert, und angeblich hat man ihm, dem Schutzgott der Kampfspieler, dort auch den Pugilisten geopfert.

Fahrende Sänger, Poeten und Geschichtenerzähler haben die Mythen überliefert, jene Sagen aus dunkler Vorzeit, als Oben und Unten, Himmel und Hades noch zusammenhingen. Homer schildert in der *Ilias* den frühesten uns bekannten Faustkampf der Griechen: Bei den Leichenspielen für den vor Troja gefallenen Patroklos standen sich Epeios und Euryalos gegenüber. Als routinierter Kämpfer prahlte Epeios – siegesgewiß wie nach ihm nur noch Muhammad Ali –, »der Beste« zu sein. Er werde, so prophezeite er, die Haut seines Gegners in Stücke reißen und ihm die Knochen zerschmettern. Was keine leere Drohung blieb. Nach einem gezielten Kopfhieb sank Euryalos bewußtlos zu Boden, so vernichtend geschlagen, daß seine Betreuer ihn mit nachschleppenden Füßen vom Platz führen mußten, während der göttliche Epeios den Siegespreis davontrug, oder besser gesagt, hinter sich herzog. Dem Sieger nämlich gebührte ein arbeitskräftiges, ungezähmtes Maultier.

Kein anderer Faustkampf indessen hat die Dichter des Altertums so emphatisch bewegt wie das mythische Kräftemessen zwischen Polydeukes und Amykos, dem König von Bebrykien, der jeden Fremden, der in sein Reich kam, zum Boxkampf zwang, um ihn anschließend zu töten. Als der grausame Potentat die Argonauten herausforderte, trat ihm Polydeukes, der Zwillingssohn des Zeus, entgegen. Es war der Kampf der Kämpfe und als solcher eine Frage der Ehre, führte diese Auseinandersetzung doch die beiden berühmtesten, weil jeweils unangefochtenen Box-Heroen des Götterzeitalters zusammen. Der Sophist Flavius Philostratos, der um 170 n. Chr. geboren wurde, schreibt in seinem Werk über die Gymnastik dazu, daß der Faustkampf eine Erfindung der Spartaner sei und dereinst auch Nachahmung bei den barbarischen Bebrykern gefunden hätte. Doch »am besten übte ihn Polydeukes aus, weshalb die Dichter ihn besangen«.

Allen voran Apollonios Rhodios, der Epiker aus Alexandria, und Theokrit von Syrakus, die beide im dritten vorchristlichen Jahrhundert diesen legendären Fight für die Nachwelt festgehalten haben.

Theokrit führt uns in seiner poetischen Reportage einen bereits schwer gezeichneten Amykos vor Augen, der zu einem letzten wütenden Gegenschlag ausholt: »Mit der Linken ergriff er die linke Hand des Polydeukes, stürzte schräg aus der Verteidigung vor und schwang die volle Rechte von unten. Wenn er getroffen hätte, wäre sein Gegner in die Knie gegangen. Der aber duckte den Kopf und schlug ihm mit der Wucht seiner gewaltigen Faust die linke Schläfe ein. Sofort schoß das schwarze Blut aus der klaffenden Wunde, während die andere Faust in den Mund fuhr, daß sämtliche Zähne klirrten, und mit immer schärferem Tempo zerfleischte er ihm das Angesicht, bis die Wangen ein einziger Brei waren. Da lag nun Amykos hilflos am Boden und streckte zum Zeichen der Aufgabe beide Hände empor, denn er war dem Tode nahe.«

Reumütig soll der Besiegte hernach den heiligen Eid geschworen haben, daß er nie wieder einen Fremden schikanieren werde. Nach der Version des Apollonios Rhodios freilich war der König zu keinem Schwur mehr fähig. Die schweren Kopftreffer hätten ihm derart den Schädel gespalten, daß er noch coram publico den Weg allen Fleisches gegangen sei.

Den historischen Beginn der Boxgeschichte umweht Noblesse. Im griechischen Altertum war der Faustkampf das Privileg der Vornehmen und Vermögenden. Nächst den Göttern oblag es den Oligarchen, sich im edlen Wettstreit zu messen, wissend, daß der Ruhm, der durch die Kraft der Arme und der Beine erlangt wird, der größte ist, wie es in der *Odyssee* heißt. Schon in homerischer Zeit genoß die Kunst der Selbstverteidigung höchstes Ansehen, wiewohl die vernarbten Visagen der Recken nicht eben hübsch anzusehen waren. Doch was aus moderner Sicht Hautgout erweckt, erschien dem antiken Menschen als honorabel und schmuck. In Athen wurde die herrschende Oberschicht ihrer offenkundigen Boxbegeisterung wegen schlichtweg als *die mit den zerschlagenen Ohren* (im Fachjargon: Blumenkohl-Ohren) tituliert. Beliebtester Anlaß, sich muskulös zu verausgaben und den Körper über die Grenzen seiner Möglichkeiten zu treiben, waren die Leichenfeiern zu Ehren eines Toten. Könnte es einen sinnfälligeren Ort zur Beförderung des pugilistischen Exzesses geben?

Wer Unsterblichkeit anstrebte, nahm an einem der vier heiligen, kranzbringenden Nationalfeste in Olympia, Delphi, Korinth oder Nemea teil, die neben Ruhmesglanz mit stattlichen Preisen die Athleten aus ganz Hellas lockten. Der Faustkampf gehörte seit 688 v. Chr. zum Programm der Olympischen Spiele. Man lese und begreife: seit Sechshundertachtundachtzig vor unserer Zeitrechnung! Als ersten Sieger nennen die Annalen den robusten Onomastos aus Smyrna, der auch die Regeln aufgestellt haben soll. Wie uns die bildlichen Darstellungen überliefern und die literarischen Zeugnisse bestätigen, war im antiken Faustgefecht der Kopf des Gegners das Ziel aller Angriffe. Körperschläge waren anscheinend verboten, gewiß aber war es der Clinch – was die Kämpfe schnell, hart und hitzig machte und die Rivalen dazu zwang, aus der Deckung zu boxen. Ergo hielt man den Widersacher mit ausgestreckten Armen auf Distanz, bis sich die Möglichkeit zum Kopfhieb bot. Die Kämpfe konnten Stunden, manchmal sogar den ganzen Tag dauern, zumal es Boxer gab, die kraft ihrer vollendeten Abwehrtechnik den Gegner regelrecht zermürbten. Denn gekämpft wurde ohne Unterbrechung und immer bis zur Entscheidung, soll heißen: bis einer der beiden Männer trotz Wiederbelebungsversuchen nicht mehr auf die Beine kam. Oder aufgab.

Mit welcher Verbissenheit die Streiter zu Werke gingen, illustriert das Beispiel des unerschrockenen Eurydamas aus Kyrene. Sein Gegner hatte ihm die Zähne ausgeschlagen, doch um sich keine Blöße zu geben, schluckte er sie einfach hinunter. Gefragt, was man tun müsse, um siegreich zu sein, soll das ägyptische Boxidol Eudaimon geantwortet haben: »Den Tod verachten.«

Zum Schutz der Fäuste trugen die Athleten die bereits in der Mythologie erwähnten Riemen aus Rindsleder, die kreuzweise um Hand und Handgelenk gewickelt wurden, so daß lediglich die Finger frei blieben. Mit dem Aufschwung der Leibesübungen in der Blütezeit der griechischen Kultur, da sportliche Aktivitäten populär und die großen Wettkämpfe zunehmend professionell bestritten wurden, erfuhr die Faustwehr eine Verschärfung. Die Riemenumwicklung wurde ersetzt durch ein handschuhartiges Ledergeflecht, das über den Knöcheln mit Schlagriemen verstärkt wurde, was die Wirkung der Treffer erhöhte und dem Gegner das Gesicht noch tiefer schlitzte respektive gröber quetschte. Von den synkopierten Zahnreihen gar nicht zu reden. Dem forcierten Kampfgeist seiner Epoche entsprechend plädierte Platon in den *Gesetzen* für einen rigoros praktizierten Pugilismus, weshalb »den keine Strafe treffen soll, der dabei seinen Gegner ohne Absicht erschlage«.

Was im Eifer des Fights ja alleweil vorkommen konnte. Man denke nur an den legendären Glaukos aus Karystos, der in Olympia »den Hieb vom Pfluge« anzuwenden wußte. Philostratos zufolge besaß dieser Sportsmann so viel Schlagkraft, »daß er einst in Euboia eine Pflugschar, die verbogen war, gerade richtete, indem er sie mit der Rechten wie mit einem Hammer bearbeitete«. Beim Training im *Gymnásion* war darum beizeiten schon der Kopfschutz im Gebrauch. Sparring und Schattenboxen dienten ebenso der Vorbereitung auf den sportlichen Ernstfall wie die Arbeit am Sandsack oder das Malträtieren des Punchingballs. Bedeckte anfangs noch ein Lendenschurz das athletische Gemächt, kämpfte man unter den Augen der amüsierten Götter bald überall nackt, eben *gymnós*.

Gymnastisch gestählt und erpicht auf den Lorbeerkranz,

vermochten auch die historischen Faustkämpfer bisweilen ins göttliche Lager zu wechseln. So erfuhr der berühmte Pugilist Euthymos aus Lokri in Italien, der im fünften Jahrhundert bei den Olympischen Spielen wiederholt für Furore gesorgt hatte und nur einmal besiegt worden war, noch zu Lebzeiten seine Heiligsprechung. Kultisch verehrt wurde auch sein boxender Zeitgenosse Theagenes von Thasos, dessen Standbilder man insbesondere wegen ihrer magischen Heilkräfte aufstellte, wie der Reiseschriftsteller Pausanias berichtet. Als ein Mann, der trotz bitterster Niederlagen niemals aufgab und 336 v. Chr. in Olympia seine schmerzensreiche Laufbahn doch noch mit einem Sieg krönte, fand Mys aus Tarent die abgöttische Bewunderung seiner Zeit.

Dieserart ließe sich die Reihe von metaphysisch entrückten Schwerathleten fortsetzen. Festzuhalten bleibt, daß der Boxer-Kult sakrale Züge annahm und somit der Götterschar beachtlichen Zuwachs verschaffte.

Faustkämpfern wurden Denkmäler errichtet und Opfer dargebracht; wir finden sie auf Vasen und Fresken dargestellt, in Stein gehauen und zu Statuetten geformt; ihre heroischen Taten wurden hymnisch besungen, festlich gepriesen und in Epen verewigt. Soviel Boxerglaube war nie. Gepredigt und verbreitet haben ihn die Rhapsoden, Chronisten und Künstler, die das Unglaubliche, das die verwegenen Muskelmänner vollführten, in Worte zu fassen, in Bilder zu setzen vermochten. Von Homer bis Plutarch, ob Pindar oder Pausanias: Was die Mythographen und Schriftsteller an den Kämpfen faszinierte, waren die uralten Menschheitsgeschichten, die Geschichten vom Überleben und Sterben, die sich in den wilden, blutigen Begegnungen der Boxer extrem verdichteten – zu einer Dichtung in Aktion, voller Drastik und Dramatik. Diese Kunst war realistisch und magisch zugleich; eine Kunst, die vom Körper ausging und sich direkt auf den Körper bezog. Aufgeführt von archaischen Gestalten, die mit ihrer Faustschrift das Publikum fürwahr in Bann schlugen, es schaudern und staunen machten, da sie ungeheure Kräfte entfesselten, heiliges Blut vergossen und dabei in jene ekstatischen Regionen vordrangen, »wo der Tod nicht mehr der Gegensatz des Lebens ist« (Bataille).

Sonach wurden aus Olympioniken auratische Figuren, glorifizierte Heroen, Faustgötter, die ihrerseits zum Mythos taugten, wie uns die Praktiken altertümlicher Verehrung zeigen. Und die antiken Dichter, die geistigen Schöpfer, süchtig nach Mythen, sie sogen aus der Blüte des Pugilismus den ambrosischen Nektar, um ihre Mythologien zeitgemäß aufzustocken – als Honig fürs Volk und zur Freude der Götter.

Erinnern wir in dem Zusammenhang daran, daß ursprünglich auch der Dichter das Charisma eines Ausnahmewesens besaß. In den frühesten Stammeskulturen war er *Vates*, ein Besessener, ein magischer Seher, der dem Unheil ins Auge starrte – halb Rasender, halb Schmerzensmann. Später dann, im Zeitalter der klassischen Kultspiele, pilgerte er, gemeinsam mit Faust- und Ringkämpfern, Läufern und Speerwerfern, zu den heiligen Stätten, um sich im Wettstreit zu messen. Die Dichter nämlich konkurrierten nicht minder eifrig um den Lorbeerkranz. Ihre Werke, ob Tragödie, Gesang oder Lustspiel, schufen sie für den Agon, den Wettbewerb, wobei die von den Zuschauern mit Spannung verfolgten Darbietungen die gleichen Bilder evozierten wie die sportlichen Agone: Hier wie dort ging es um Sein oder Nichtsein, Bekränzung oder Blamage. So besiegte bei den Dionysos-Spielen 468 v. Chr. der junge Sophokles in einem denkwürdigen Dramatiker-Wettstreit den großen Aischylos, der freilich bereits im Jahr darauf wieder der Erste war.

Rhetorisch austrainiert und von agonaler Leidenschaft entflammt, traten auch Philosophen und Sophisten zu öffentlichen Wortgefechten an. Die Lust am Kräftemessen, der Wunsch, den anderen zu übertreffen, war grenzenlos. Doch schmerzte die griechische Seele nichts so sehr wie die Niederlage, die Schande, besiegt worden zu sein; denn »die Menschen streben nach Ehre, um sich von ihrem eigenen Wert, ihrer Tugend, zu überzeugen. Sie streben danach, von Urteilsfähigen auf Grund ihres wirklichen Werts geehrt zu werden.« Also schrieb noch Aristoteles, ganz im Sinne einer Welt, die erfüllt war vom Geist des Agons, der dem Mythos entsprang und in Tempel, Theater und Stadion die Menschen beseelte.

Die Gemeinsamkeiten sind evident: Vor den Kulissen der religiösen Feste wetteiferten beide, Pugilist wie Poet, um die Gunst der Götter und den Preis des Besten. Der eigentliche Reiz ihrer Vorführungen aber lag in der Mimesis: Wie die Boxer mit den Fäusten, so brachten die Dichter vermöge ihrer Sprachkraft die menschlichen Geschicke, den ewigen Daseinskampf komprimiert zur Darstellung. Es waren die fundamentalen Gefühle und Konflikte, die das Tribünenpublikum in einem dramatischen Boxfight ebenso verbildlicht sah wie in den Qualen des gefesselten Prometheus oder den blutigen Taten des Orest. Die Allegorien der Gewalt, des Scheiterns und der Gerechtigkeit zu liefern, dies verband die Kunst der Dichter mit den wortlosen Dramen der Boxer. Und weil im alten Hellas Körper und Geist, Athletik und Ästhetik ehedem aufs trefflichste harmonierten, gab es nicht wenige Begabungen, die in beiden Disziplinen zu Hause waren. Exemplarisch nennen wir Euripides, den *tragischsten* unter den Tragikern, der gleichermaßen die irdischen Geschicke auf die Theaterbühne bringen und bei den Athenischen Spielen souverän im Faustkampf siegen konnte.
 Sein Beispiel sollte Schule machen.

Im Circus

> »Boxe nur fort! Keine Angst! Auch wenn man
> den Kopf dir durchlöchert...«
>
> Lukillios, *Gedichte*

Nach dem griechischen Ideal der *Kalokagathía*, des vollkommenen Einklangs von Körperschönheit und Geisteskraft, sucht man im Wettkampfbetrieb des antiken Rom vergebens. Das ästhetische Moment der heiligen Spiele wich dem blutigen Ernst der *spectacula*, jener Massenamüsements, mit denen das Boxen in den Kontext von Gladiatorenkämpfen und Tierhetzen rückte. Zeichneten sich die hellenischen Agonisten noch durch Attribute wie Ritterlichkeit und Individualität aus, so degenerierten die römischen Faustkämpfer zu Objekten einer allgemeinen Sensationslust.

Forciert wurde diese Entwicklung durch die extreme Brutalisierung, die das Faustfechten erfuhr. Es war buchstäblich ein Mordsspektakel geworden, gingen die Kontrahenten doch mit dem *caestus*, einer Art Schlagring, aufeinander los. Dieses Killerinstrument wies über den Fingerknöcheln scharfe Metallzacken auf, so daß man als Zuschauer erleben konnte, wie in Einzel-, zunehmend auch in Gruppenkeilereien Fleischfetzen flogen, Gehirne spritzten und Ströme von Blut in den heißen Staubsand sickerten. Was die Darbietungen in der Arena bald weitaus attraktiver machte als die Kunstübungen im Theater, wo der Komödiendichter Terenz – einer der beliebtesten im Altertum – fassungslos mit ansehen mußte, wie ihm die Besucher während der Aufführung seines Stückes *Hecyra* davonliefen, um die Boxkämpfe zu sehen. Denn an ihnen »hat das Volk seine Freude«, wie Horaz bezeugt.

Natürlich war es nicht das konkurrierende Stakkato der Fäuste, woran die Menge sich ergötzte. In Erregung geriet sie durch die Gegenwart des Todes, dessen Anblick, schockierend und lockend zugleich, den Taumel der *Masse* auslöste: die in einem einzigen Aufschrei verzückter Sinne sich vollziehende Verschmelzung des einzelnen mit dem Ganzen, seine Rückkehr in den Schoß der weder durch Vernunft noch Gesetz gezügelten Horde. Der *pugilatus* – als Bestandteil der in den Kampfarenen zelebrierten Opferriten – war demnach nur das Medium, das die Urzeit aktualisierte, ein kollektiver Durchlauferhitzer, der die Emotionen auf den Siedepunkt brachte, um jene quasireligiöse »Transgression« herbeizuführen, in der, Batailles Theorie der Verschwendung zufolge, die internalisierte Schwellenangst überwunden und »das Bewußtsein nicht mehr Bewußtsein von etwas ist«.

Boxhistorisch hat sich dieses Wechselverhältnis von Todesfaszination und Massenekstase, von Sadismus und totaler Kommunikation nie klarer gezeigt als in den Jahrhunderten der Gladiatur. Nirgends kam der Faustkampf einer öffentlichen Hinrichtung näher, nie traten die verborgenen Primitivismen des Publikums schamloser zutage als unter den brutalisierten Bedingungen von *Brot und Spielen*.

Wo der *caestus* geschwungen, Schwerter oder Krummsäbel in keuchende Leiber gerammt, wo ausgehungerte Raubtiere gegen Menschen mit oft nichts als ihren bloßen Fäusten gehetzt wurden, verlor der einst so aristokratische Pugilismus zwangsläufig an Grandezza und Renommee. Seinem Wandel zur kruden Circus-Nummer entsprach der soziale Abstieg der Faustkämpfer in die rauhe Gladiatorenwelt der Kriegsgefangenen, freigelassenen Sklaven, Kriminellen und Hasardeure, die ohne Rechte, *infamis*, waren, folglich abseits sogenannter Ordnung standen. Darin unschwer zu erkennen: die urtümliche Halbwelt des Milieus, in dem der Boxer zusammen mit den Geächteten, den Dämonen und den Huren zu Hause ist.

Seneca, einer der wenigen antiken Kritiker der populären Gewaltorgien, verglich die Gladiatur mit männlicher Prostitution. Tatsächlich konnten die Veranstalter der Spiele – in Rom primär die Kaiser, in den Provinzen betuchte Bürger und hohe Beamte – die Kämpfer kaufen oder pachten, angeblich sogar stundenweise mieten. Häufig wurden Fechtmeister, die in den Gladiatorenschulen das Training leiteten, von den Festgebern mit der Auswahl der Streiter beauftragt. Diese Vermittler waren zwielichtige, verrufene Gestalten, die an der Grausamkeit verdienten, Menschenhändler eben. Ihr Name, *lanistae*, verweist auf die etruskischen Ursprünge der Schlächtereien, die einstmals den Blutdurst der verstorbenen Seelen befriedigen sollten, was die etymologische Ableitung des Namens von dem älteren Wort *lanius*, »Fleischer«, plausibel macht.

Wie groß die Nachfrage nach Gladiatoren war, läßt sich an überlieferten Zahlen ablesen: Caesar, so wird berichtet, habe bei einem Fest 320 Todesduelle austragen lassen; Augustus rühmte sich, als Kaiser circa 10 000 Gladiatoren in seine Spiele geschickt zu haben.

Wiewohl Außenseiter der Gesellschaft, wurde die Tapferkeit der Kämpfer mit Respekt, ja Bewunderung quittiert. Cicero, der bedeutendste Rhetor im Alten Rom, stellte ihre stoische Opferbereitschaft als vorbildlich hin: »Gladiatoren, verkommene Menschen oder Barbaren, was für Schläge halten sie aus! Wie wollen die, welche gut geschult sind, lieber den Streich empfangen als ihm mit Schande ausweichen!« In den Spätzeiten des römischen Imperiums verlockte solcher Heldenmut denn auch zusehends die besseren Kreise, sich in die Abenteuer der Alles-oder-Nichts-Gemetzel zu stürzen. Aber im Grunde spiegelte dieser Kampfgeist schon nur mehr die Sinnwüste einer Verfallskultur, in der so mancher Draufgänger den Nervenkitzel suchte, um das gesteigerte Leben noch einmal zu schmecken, bevor es unterging.

Mit dem Siegeslauf und der Verbreitung des Christentums erlahmten die heidnischen Exzesse. So war bald unendlich viel Barmherzigkeit in der Welt, nur nicht für die Muskelmänner. Bekehrt zum Glauben an den Wahrhaftigen, ließen die römischen Staatslenker Gladiatorenwahn und Fäusteschwingen bei Strafe verbieten. Und als 393 n. Chr. Kaiser Theodosius die Spiele im heiligen Olympia für abgeschafft erklärte, erlosch nicht nur das olympische Feuer, welches die Agone eines ganzen Millenniums begleitet hatte, sondern auch und vor allem der antike Wille zum Faustkampf.

Was folgte, war seine Verteufelung. Die christliche Moral propagierte den Altruismus, weshalb sie den Impuls zur Selbstverteidigung, der sich in Duellen und Idolen öffentlich manifestierte, verurteilte. Der um sein Seelenheil ringende Christenmensch hatte der leiblichen Natur zu entsagen. Was um so größeren Verzicht erforderte, je emphatischer der menschliche Körper als die eigentliche Brutstätte des Bösen, der Begierden, der Sünde diskriminiert wurde. Er war, mit dem mittelalterlichen Kirchenlehrer Petrus Damiani zu zetern, »eine stinkende Masse«, die den Weg zur Erlangung der himmlischen Freuden verstellte. Folglich wich jedweder Sinn für Athletik dem Geist der Scholastik. Daß die christliche Kultur derweil ihre eigene »Opferökonomie« installierte, mithin neue Formen kollektiver Triebabfuhr entwickelte, bezeugen die epochalen Blutspuren, die Kreuzzüge, Judenpogrome und Hexenverfolgung hinterlassen haben, wohingegen der Pugilismus mit seinem vital ins Werk gesetzten *Auge um Auge, Zahn um Zahn* gänzlich ins Vergessen fiel. So sollte mehr als ein langes Jahrtausend vergehen, bis im Abendland wieder geboxt wurde.

Lob des Rummelboxens

> »Der Tag verging mit Frühstück, Boxen, Bummeln, Besuchen ...«
> Lord Byron, *Don Juan*

Die religiös entleibte Ständegesellschaft des Mittelalters hatte sie in den Orkus der Geschichte gestoßen, doch wie gerufen, der Neuzeit die Begriffe von Risikofreude, Leistung und Erfolg gleichsam spielerisch vor Augen zu führen, kehrten die Faustkämpfer am Ende des 17. Jahrhunderts aus ihrer historischen Verbannung zurück. Zwischen Schaustellerbühnen und Gauklerbuden, neben Komödianten, Bänkelsängern und Akrobaten traten sie auf englischen Jahrmärkten und Rummelplätzen auf, wo sie das Volk zum *Prize Fight* animierten, einer Art *Raufboxen*, das trefflich mit der in England aufkommenden Wettleidenschaft korrespondierte.

Nahm ein beherzter Mann aus der Menge die Herausforderung zu einem Preiskampf an, konnte er sich kraft seiner Fäuste im kreisrunden, von einem Seil umspannten *Prize Ring* eine goldene Nase verdienen, vorausgesetzt, sie wurde ihm nicht beizeiten platt geschlagen. Denn wovon sollte ein fahrender Boxer leben, wenn nicht von der einträglichen Wucht seiner Haken? Eine Frage indes, die stets aufs neue jene erwartungsvolle Spannung erzeugte, mit der sich die Wetteinsätze der Zuschauer in die Höhe treiben und beträchtliche Gewinne erzielen ließen.

Die Fighter fochten mit blanken Fäusten, wobei ihnen noch (fast) jedes Mittel recht war, den Konkurrenten definitiv in die Horizontale zu zwingen oder ihn deutlich erkennbar zu verletzen. Die eine wie die andere Variante bedeuteten das Ende des Kampfes, so daß die Entscheidung für jedermann nachvollziehbar und eindeutig war. Folglich fühlte sich hinterher auch niemand betrogen – weder um den Lohn seiner körperlichen Tüchtigkeit noch um seinen Wetteinsatz.

1681 berichtete erstmalig die Londoner Zeitung *The Protestant Mercury* von einem Preiskampf zwischen einem herzoglichen Lakaien und dem Meister der Londoner Schlächter-Innung. Das Verbum *to box* in der Bedeutung von »mit den Fäusten kämpfen« ist seit 1694 verbürgt und bis zur Mitte des 18. Jahrhunderts in aller Munde. Was als Rummelboxen, lies: Volksbelustigung anfing, sprengte im aufgeklärten England rasch die Standesgrenzen. Zusehends machten sich Edelleute und betuchte Gentlemen einen frivolen Spaß daraus, ihre Bediensteten oder rustikale Kerle von der Straße durch Geldprämien zum Boxfight anzustacheln. Auf diese Weise konnte man untereinander Wetten abschließen und gemeinsam einem noblen Blutvergießen beiwohnen.

The Noble Art of Self-Defence, wie der Preiskampf apostrophiert wurde, verdrängte ferner die antiquierte Manier, den Ehrenhändel mit dem Degen auszufechten. Inzwischen lernte man in den Colleges, mit Messer und Gabel zu hantieren, aber immer seltener das grimmige Kreuzen der Klingen zum Zwecke der Satisfaktion. Als honorabel galt, wer seine natürlichen Waffen kreuzte, wohingegen das Degenduell als Adelsprivileg je weniger dem Geist der Zeit entsprach, desto lauter der Ruf nach allgemeiner Rechtsgleichheit ertönte. Wer Genugtuung forderte, sollte die Sache direkt, sportlich, offen und über die Klassenunterschiede hinweg regeln können. Weswegen das Faustrecht als ein Mittel, sein Ansehen zu verteidigen, den Händel mit dem Florett allmählich ersetzte und somit auch die High-Society zur pugilistischen Praxis führte.

Nicht zufällig errang im Jahre 1719 ein Fechtlehrer, James Figg mit Namen, den ersten Titel eines Box-Champions von England. Als Besitzer einer Schaubude in der Oxford Road bot er den boxbegeisterten Söhnen der Londoner Oberschicht auch erstmals Unterricht an. Das entsprechende Aushängeschild hatte ihm ein Freund gemalt, den seine Sittenbilder und Karikaturen nachmals weltberühmt machten: William Hogarth.

Jack Broughton, ein Zweizentnerkoloß, der seine Gegner bereits durch geschickte Meid- und Blockbewegungen verblüffte und mit dieser Methode zu einem der herausragenden Meister seiner Zeit wurde, stellte 1743 die ersten Kampfregeln auf. Sie nahmen dem Fight zwar nichts von seiner Wildheit, seinem ungehobelten Freistil, schrieben ihm aber immerhin die Idee des Fair play ein. Broughton, der seine Trainingsakademie an der Tottenham Court Road *The Mystery of Boxing* nannte, gilt heute als der »Vater des modernen Boxsports«.

Die Wiege der neuzeitlichen Pugilistik stand derweil im nebelgrauen London. Hier, wo die ersten Meisterschaften ausgetragen wurden und die berühmten Faustkämpfer lehrten, entwickelte sich die »Wissenschaft des Boxens« zum genuinen Großstadtsport. In seiner Roheit, seinem Radau, so voller Tempo und Intensität traf er das urbane Lebensgefühl, die Gemütslage einer rasant wachsenden Stadtbevölkerung, deren Hunger nach Erleben ebenso unersättlich war wie die allerorts grassierende Wettleidenschaft. Das Boxen befriedigte diese Begierden. Wie keine andere Disziplin affizierte es die Schaulust, den Spieltrieb, das Gewinnstreben – sei es im Rahmen der spontan organisierten Straßenfights oder als groß aufgezogenes Championat. Diesseits des Ärmelkanals indessen hielt man das alles noch für einen typisch angelsächsischen Spleen.

Von fremder Denk- und Lebensart anregen ließ sich der junge Göttinger Physikprofessor und Schriftsteller Georg Christoph Lichtenberg, der, klein und bucklig von Gestalt, wiewohl mit reichlich Verstand und kritisch geschärfter Beobachtungsgabe ausgestattet, sich während seiner Aufenthalte in England ein präzises Bild von der insularen Boxmanie machen konnte. Im September 1775 berichtete der Briefschreiber von einem für deutsche Verhältnisse höchst merkwürdigen Erlebnis:

»Vorgestern des Morgens boxten sich zween Kerl unter meinem Fenster. Ich habe diese Ceremonie sehr offt mit angesehen, aber nie blutiger als dieses mal. Dem einen Kerl flos das Blut aus Nase und Mund über den nackenden Leib, kam ihm endlich ab die Arme und an den andern Kerl, so daß es in der That scheußlich aus sah; als sie so fochten, kam der König und die Königin in einem Phaëton gefahren und so dicht an ihnen vorbey, daß so gar ein Theil der Zuschauer auf die andere Seite des Phaëtons tretten musten. Sie ließen sich dadurch so wenig stöhren, als wenn Ich vorbeygegangen wäre. Der eine Kerl wurde auf 6 bis sieben mal von dem andern nieder geschlagen, nicht umgeworfen, sondern er schlug ihm so an den Kopf, daß er seine Sinne verlohr und so wie ein ohnmächtiger in die Knie brach und zusammen stürzte. So bald er wieder zu sich kam, wo zu ihm die umstehenden verholfen, wagte er einen neuen Gang, bis endlich die umstehenden es nicht mehr zuließen, weil zu fürchten war daß er bleiben würde. Alsdann gaben sie sich die Hände, zogen ihre Hemde an und giengen jeder seiner Wege. Der eine Kerl sah sich gar nicht mehr gleich, er war blau und gelb im Gesicht und die Augen waren ihm verschwollen.«

Während Lichtenberg, dieser erste große Meister des Aphorismus in Deutschland, der Rolle eines aufmerksamen Beobachters verhaftet blieb, suchte ein anderer Schöpfergeist schon bald den direkten Schlagabtausch: Lord George Gordon Byron (1788-1824). Mit Byron beginnt die eigentliche, die moderne Geschichte der boxenden Dichter. Ihm gebührt das Lob, den *Poeta pugilatus* in die Kulturarena der Neuzeit geführt zu haben. Folglich verdient er unsere besondere Aufmerksamkeit.

Aus einer heillos heruntergekommenen Aristokratenfamilie stammend und von Geburt an durch einen Klumpfuß behindert, war dem romantischen Genius, der die Kopfgymnastik haßte, statt dessen die Beauties beiderlei Geschlechts und vor allem den Eklat liebte, seine Außenseiterrolle beizeiten auf den Leib geschrieben. Und der junge Lord, mit seinem Versepos *Childe Harold's Pilgrimage* über Nacht berühmt geworden, setzte alles daran, seinem Image als Salonlümmel und Abenteurer hemmungslos Nachdruck zu verleihen. Wo immer gehobene Konversation gepflegt und tadelloses Benehmen erwartet wurde – Byron benahm sich perfekt daneben. Die erstarrte Gesellschaft, den Common sense verachtend, stilisierte er sich zu einem Poesie und Pose verquickenden Totalkunstwerk, das einfach *shocking*, Skandalfutter für die Klatschmäuler und ein Wunder an Selbstverschwendung war.

Die noble Kunst zu verletzen, erlernte Byron bei John *Gentleman* Jackson, der in der Londoner Bond Street seine Trainingsräume unterhielt. Jackson galt um 1800 als der beste Faustfechter im englischen Reich. Er hatte dem Juden Dan Mendoza, einem Linksausleger mit flinker Beinarbeit, den Titel abgenommen und sich später als einer der wenigen Preiskämpfer, die ihren Namen schreiben konnten – er konnte dies gerüchtweise sogar mit einem 84-Pfund-Gewicht am kleinen Finger –, als Boxlehrer niedergelassen. Seine Schüler kamen aus den besten Häusern, unter ihnen gar der Prinzregent, der nachmals als Georg IV. den englischen Thron bestieg. Mylord Byron, der seit frühester Jugend und ungeachtet seines Handicaps regelmäßig bei Jackson übte, mit Handschuhen übrigens, wie sie damals in den feinen Amateurkreisen fashionable wurden, nannte seinen Mentor voller Bewunderung: »meinen alten Freund und leiblichen Priester«.

Des Zöglings Zimmer in Piccadilly Terrace zierten Bilder und Stiche berühmter Boxkämpfe sowie das stets in Ehren gehaltene Porträt von Gentleman Jackson. Im Boxclub verkehrte der Dichter mit den Champions seiner Zeit, und weil er ohnehin generös über seine Verhältnisse lebte, förderte er den Sport auch finanziell. Denn außer der Dichtkunst war die puglistische Spielart sein einziges Glück. Wie die sanften Ekstasen des Schreibens, so verschafften ihm die harten Sparrings jene mimetischen Erregungen, die Zeit und Raum vergessen ließen, die prosaische Wirklichkeit ausblendeten und nicht zuletzt seinen »Zustand körperlicher Minderwertigkeit« überwinden halfen. So gesehen, kämpfte der boxende Romantiker, der notabene nie öffentlich in den Ring trat, im Grunde gegen sich selbst – gegen sein unglückliches Bewußtsein, das an einer einfältig-entseelten Welt litt, sowie gegen das Stigma eines steifen Beins.

»Gestern früh«, notierte er am 20. März 1813 in sein Tagebuch, »boxte ich wieder mit Jackson und werde dies morgen wiederholen. Ich fühle mich danach fürs Geistige besser aufgelegt, sosehr auch Arme und Schultern davon lahm werden.« Unterdessen beflügelte die muskulöse Betätigung nicht nur seine musischen Talente. Das Training stärkte desgleichen Byrons Widerstandskraft gegen die zunehmenden Anfeindungen der englischen Öffentlichkeit, die ihn, wie er rückblickend feststellte, zu einer Art volkstümlichem Idol gemacht und dann wieder von seinem Sokkel gestoßen hatte. Auf die Wechselfälle seiner Karriere war der provokante Akteur freilich bestens vorbereitet: »Ich dachte nur an den Grundsatz meines Boxlehrers, welcher sich auch in meiner Jugend bei allem meinem Handeln bewährt hat: Wer nicht für dich ist – ist wider dich; stoß zu: rechts und links!« (Tagebuch vom 22. November 1813) Vom Boxen lernen hieß für Byron eben auch: seine Schlagfertigkeit zu verbessern, sich den Herausforderungen und Widrigkeiten der Realität zu stellen, sich selbst von Niederlagen nicht unterkriegen zu lassen, vielmehr bei nächster Gelegenheit wieder in die Offensive zu gehen und auf diese Weise einen eigenen, unverwechselbaren, nonkonformen Stil zu entwickeln.

Dem Tod und dem Wahnsinn – mit Michel Foucault gesagt – können wir nur dann entgehen, wenn wir aus dem Dasein einen *Modus*, eine ästhetische Existenzweise machen. Der Stil eines hervorragenden Künstlers ist demnach immer auch ein Lebensstil, eine Haltung, die keinem Muster folgt, sondern neu erfunden, kreiert wird. Byrons Originalitätswille prägte den frühen Typus des Dandys, der als extravaganter Einzelgänger auftrat, um das Unerwartete zu tun – geistreich, spöttisch, satanisch. Sein Existenzmodus war das virtuose Wechselspiel von Ästhetizismus und Amoralismus, das der Konvention bedurfte, um sie zu verletzen.

Dandyhafte Züge trug auch *Gentleman* Jackson. Eingedenk der Tatsache, daß er seinen Titelkampf gegen Dan Mendoza durch einen teuflischen Trick gewonnen hatte, indem er nämlich die langen Haare des Gegners mit der einen Hand packte, um ihm mit der anderen Faust das Gesicht zu demolieren, zeigte er eine höchst eigenwillige Auslegung der damals gängigen Lehrmeinung. Populär aber machte ihn zuvörderst seine äußerst bewegliche Kampftechnik, die mit einem in Kleidung und Benehmen auffällig eleganten Lebenswandel einherging. Jackson inszenierte sich als Mann von Welt. Auf der Londoner Bühne zeigte er sich in einem scharlachroten Wams, mit Spitzenmanschetten, erlesenen Kniehosen und Seidenstrümpfen. Byron imponierte dieser gewählte Habitus. Überdies adorierte er die Manieren des Gentlemanboxers, die denen seiner hocharistokratischen Mitstudenten am Trinity College in Cambridge unendlich überlegen gewesen seien. Fraglos hat Mister Jackson das künstlerische Konzept des Dichters nachhaltig inspiriert. Legendär, weil in ihrer jeweiligen Linie effektvoll von der gesellschaftlichen Kursrichtung abweichend, wurden beide: Jackson in der Partie des fäusteschwingenden Grandseigneurs, Byron als Erfinder des *Byronismus*, jener Schreib- und Gefühlsmode, die in Bälde auch auf dem Kontinent ihre Anhänger finden sollte. Wie und wo die Lebenskurve des Boxers endete, wissen wir nicht. Byron jedenfalls warf in England, wo ihn seine Tabuverletzungen unmöglich gemacht hatten, das Handtuch und zog zum Finale – halb Tatmensch, halb Selbstdarsteller – in den griechischen Freiheitskampf gegen die Türken. Dort kam er, sechsunddreißigjährig, zu Tode, freilich nicht auf den Feldern der Ehre, im Kampf Mann gegen Mann, wie der Poet es gewünscht hatte, sondern in seinem Hauptquartier, wo ihn das Sumpffieber dahinraffte. »Wenige Menschen können schneller leben, als ich es getan habe«, resümierte er auf dem Sterbebett. Möglich, daß der Dichter dabei auch an seine hitzigen Trainingsrunden in London dachte.

Kaum ein Kampfsport ist so tempogeladen wie das Boxen. Professionell und bis zur Erschöpfung betrieben, beschleunigt es allerdings auch schneller als jede andere Sportart die körperlichen Verfallsprozesse. Kein Wettstreit ist kräftezehrender, keine Konfrontation so direkt, so unmittelbar auf die Vernichtung des Gegners angelegt wie das Faustgefecht. Zumal in seiner frühen englischen Art, die wir uns, bei allem Respekt, eben doch als eine weitgehend ungebremste Prügelei vorzustellen haben. Ohne festes Regelwerk, ohne Kampfrichter und medizinische Kontrolle blieben die Athleten sich gänzlich selber überlassen. Entsprechend häufig waren Todesfälle oder gesundheitliche Folgeschäden. Obwohl den *Prize Fights* die Bedeutung von gesellschaftlichen Ereignissen zukam, unternahm die Gesellschaft vorläufig nichts, um den pugilistischen Furor zu bremsen, mithin die Verletzungsgefahren zu mindern. Was sich im weiteren Verlauf des 19. Jahrhunderts gründlich ändern sollte.

Moderne Regeln, archaische Begierden

> »Ich fragte einmal einen alten Faustkämpfer, was man bei einem K. o. in dem Augenblick empfindet, wo er eintritt. Er war ein Mensch mit begrenzter Ausdrucksfähigkeit. So deutete er einfach zum Himmel und sagte: ›Nach oben in einem Ballon.‹«
>
> George Bernard Shaw,
> *Berufsboxen zu meiner Zeit*

Die Geschichte der Neuzeit ist die Geschichte der Entfremdung von unserem Körper. Schon die mittelalterliche Gesellschaft, erfüllt von mystizistischer Sehnsucht nach dem Jenseits, hatte den Leib ins Joch der Arbeit gespannt oder in die eiserne Ritterrüstung gezwängt. Mit der Renaissance und ihrem das Dasein bejahenden Weltgefühl wurde der Mensch sich zwar seiner Würde, seines Willens, seiner Gestaltungskräfte bewußt, doch entsprang der Wiedererwekkung des klassischen Altertums kein neuerliches *Mens sana in corpore sano*, sondern das *Cogito ergo sum*, wonach der Kopf die Seele als unser Allerheiligstes suspendierte, um unter den Prämissen des fortschreitenden Denkens die Physis erneut zu muskulärer Dienerschaft zu degradieren.

Analog dazu schufen Handwerkszeug und Eßbesteck, Manufaktur und Dampfmaschine eine beharrlich wachsende Distanz zu unserem Körper, bis er im Industriezeitalter, auf seinen arbeitstechnischen Nutzeffekt reduziert, schließlich selber zur Maschine mutierte, oder aber, im Falle geistiger Lohnarbeit, seine Spannkraft einbüßte und erschlaffte. Generell bedingte die Rationalisierung der Lebenspraxis jene Entlebendigung des Leibes, durch die das menschliche Trieb- und Affektpotential zwar weitgehend unter Kontrolle, die ursprüngliche Harmonie von

Körper und Geist hingegen fatal aus dem Gleichgewicht geriet.

»Dieser Sieg der Nerven über das Blut hat über unsere Sitten, über unsere Literatur, über unsere ganze Epoche entschieden«, diagnostiziert Emile Zola in seinem 1866 publizierten Aufsatz über *Literatur und Leibesübungen*. Das Dilemma des geistig hypertrophierten Zivilisationsmenschen, der seinen Fortschrittseifer mit der Entfremdung von dem bezahlt, was er unter seine Herrschaft zwingt, führt Zola zu der Forderung, »Turnhallen zu errichten«. Denn körperliche Ertüchtigung sei eine »gesellschaftliche Notwendigkeit«, wolle die nervös überhitzte Gesellschaft nicht dem Chaos, der »Verrücktheit« anheimfallen.

Tatsächlich entwickelte sich im 19. Jahrhundert, da die technische und organisatorische Durchdringung der Natur total und aus dem Kosmos des Lebendigen eine gesellschaftliche Disziplinaranstalt wurde, die Körperkultur immer mehr zu einer Gegensphäre, einer anarchischen Enklave inmitten der dominanten Arbeitswelt. Der sportliche Wettstreit setzte die Zwänge des Alltags temporär außer Kraft; hier konnten die unterdrückten Leidenschaften, Kampf- und Angriffslust, Gewaltphantasien und Wagemut legitim ausagiert werden.

Allerdings äußerten sich diese Triebgelüste, wie Norbert Elias am Beispiel des Boxens verifiziert, vor allem im *Zusehen*, »in der tagtraumartigen Identifizierung mit einigen Wenigen, denen ein gemäßigter und genau geregelter Spielraum solcher Affekte gegeben wird«. Was wiederum auf ein Spezifikum des Zivilisationsprozesses hinweist, nämlich die Verwandlung des willkürlichen Faustgebrauchs, der ungebremsten Lust am Schlagen, Greifen, Treffen, Töten, in »eine bloße Augenlust«. Dem spontanen Verlangen nach Tätlichkeit, das in der Zivilgesellschaft durch eine Vielzahl von Verboten und Konditionierungen gehemmt wurde, genügte nunmehr der Blick, um die aggressiven Impulse zu befriedigen. Im Geflecht dieser sozialen Transformationen, so Elias, sei freilich schon der Boxkampf an sich, verglichen mit den Augenfreuden vergangener Epochen, »eine überaus gemäßigte Inkarnation der verwandelten Angriffs- und Grausamkeitsneigungen«. Der Zivilisationsforscher denkt hierbei an die mittelalterlichen Ketzerverbrennungen, an die öffentlich zur Schau gestellten Mensch- und Tierquälereien, jene dämonischen Genüsse, die in den Volksseelen früherer Phasen noch keine Scham, keinen Skrupel hervorriefen, sondern freudige, naive Erregung.

Unser Blick gilt derweil der weiteren Entwicklung des *Prize Fight,* an dem sich die historischen Grenzverschiebungen zwischen Wildnis und Zivilisation exemplarisch nachvollziehen lassen: Waren die Boxsitten im frühindustrialisierten England, dem *Mutterland des Sports,* belegtermaßen rauh und gefährlich, so zeigen sie im viktorianischen Zeitalter eine deutliche Tendenz zur Reglementierung. Den ersten durchgreifenden Versuch, das Boxen in eine systematische Ordnung zu bringen, erkennen wir in den *London Prize Ring Rules* von 1838. Die Londoner Regeln schrieben vor, daß der Ring 24 feet im Quadrat messen und von drei Seilen begrenzt sein müsse. Womit erstmals de jure jener exterritoriale Bezirk konstituiert wurde, in dem Körperverletzung und Totschlag erlaubt waren. Verboten waren hingegen der Tiefschlag, der Hieb ins Gemächt, sowie das Kopfstoßen. Ging ein Akteur zu Boden, blieb ihm eine halbe Minute Erholungszeit, um den Kampf wiederaufzunehmen. Entsprechend zählte man die Runden von Niederschlag zu Niederschlag, und weil ein Boxer erst dann als besiegt galt, wenn sein Sekundant ihn nach dreißig Sekunden nicht wieder ins Gefecht zurückschicken konnte, waren Kämpfe über 50, 80, sogar 100 Gänge keine Seltenheit.

In einem denkwürdigen Vergleich, der am 17. April 1860 im englischen Farnborough stattfand, boxten John C. Heenan, der Meister aus den USA, und Tom Sayers als Champion von England über die Distanz von 42 Runden. Der Herausforderer aus Amerika, wo sich der Kampfsport inzwischen ebenfalls wachsender Beliebtheit erfreute, war nach Europa gekommen, um den Titel eines Weltmeisters zu erringen. Wenngleich nach Körpergröße und Gewicht seinem Gegner deutlich überlegen, konnte ihm der ebenso zähe wie wendige Engländer überraschend Paroli bieten, so standhaft und todesmutig, daß die aufgebrachten Zuschauer schließlich den Ring stürmten und den Abbruch der Veranstaltung erzwangen. Im allgemeinen Tohuwabohu wertete man das ungleiche Kräftemessen remis und erklärte Sayers zum unangefochtenen Titelverteidiger.

Obschon sich der Boxkampf allmählich vom Catch-as-catch-can emanzipierte und somit die gröbsten Unsportlichkeiten eliminierte, wurde er nach wie vor mit nackten Fäusten ausgetragen, und da sich der *Prize Fight* zumeist über mehrere Stunden hinzog, bot er das Schauspiel einer Ringschlacht, die mehr durch Blutverlust und Erschöpfung als durch Können entschieden wurde. Sein Anblick mochte das zivilisierte Gewissen zunehmend tiefer beunruhigen. Jedenfalls mehrten sich die Stimmen der Philanthropen und Philister, die das brutale Treiben für äußerst ungesund, für amoralisch und obszön hielten. Schreckhafte Bürger, strenge Richter und eine schlechte Presse brachten die Pugilistik zeitweise derart in Bedrängnis, daß nicht wenige Wettkämpfe – zum Unmut der Sportfreunde – kurzerhand nach Belgien oder Frankreich verlegt werden mußten, wo in Sachen *Boxing* noch allgemeine Rechtsunsicherheit herrschte.

Zu flagrant war der Widerspruch zwischen legalisiertem Totschlag im Ring und inkriminierter Gewalt auf der Straße geworden, als daß die viktorianische Gesellschaft den *bareknuckle*, den Kampf mit bloßen Fäusten, länger tolerieren konnte. Selbstredend wollte man auch weiterhin das Gefecht auf Leben und Tod, mithin den Kitzel des Tabubruchs genießen, auf Tote und Schwerverletzte aber mochte man dabei inzwischen weitgehend verzichten.

John Sholto Douglas war es, der neunte Marquess of Queensberry, ein passionierter Boxer, Gelegenheitsliterat und exaltierter Jagdherr, der im Jahre 1867 die Boxregeln grundlegend reformierte. Übrigens jener Marquess of Queensberry, der später durch die skandalöse Affäre seines Sohnes Alfred mit dem Dandy Oscar Wilde zu zweifelhafter Berühmtheit gelangen sollte, indem er den Dichter in jenen Prozeß verwickelte, der ihm am Ende zwei Jahre Zuchthaus wegen Homosexualität eintrug und ihn damit ruinierte.

In Boxkreisen erwarb sich der als kapriziöser Streithahn verschriene Marquess indes den Ruf des großen Erneuerers, so er die rohe Gewalt des *Prize Fight* in eine organisierte überführte und damit im wesentlichen zu der Disziplin formte, wie wir sie heute kennen. Nach dem Queensberry-Reglement, das sich seit den frühen 1880er Jahren mehr und mehr durchsetzte, wurden zur Vermeidung der fürchterlichen Verletzungen gepolsterte Lederhandschuhe sowie unterschiedliche Gewichtsklassen eingeführt. Überdies diktierte jetzt der Uhrzeiger die Dauer einer Runde, deren Anzahl auf ein bestimmtes Maß beschränkt wurde. Kam ein k. o. gegangener Boxer nach zehn Sekunden nicht wieder auf die Beine, war das Match unwiderruflich vorbei. Infolgedessen dominierten jetzt nicht mehr Brachialgewalt und Stehvermögen die Auseinandersetzungen, sondern Technik, Schnelligkeit und Taktik – all dies unter den strengen Blicken von Ring- und Punktrichtern. Denn neben den medizinischen Vorkehrungen waren es zuvörderst die offiziösen Kontrollinstanzen, die den Aufruhr der empörten Moralisten besänftigten.

Der dritte Mann im Ring, in tadellosem Anzug, mit Gravität und ernster Miene, verkörperte für die Dauer des Fights das kollektive Gewissen. Er allein trug die Verantwortung für das Leben der Boxer, und so er über ihre Gesundheit und die Einhaltung der Regeln wachte, besaß er auch die Autorität, den Kampf rechtzeitig abzubrechen. Folglich hatte ein Ringrichter in erster Linie kühlen Kopf zu bewahren: Neutral und objektiv mußte er die hitzige Konkurrenz im Seilviereck beaufsichtigen; einsam und konsequent hatte er seine Entscheidungen aber auch gegen den Willen der katatonisch rasenden Menge zu fällen, die für ihr Geld naturgemäß den Höhepunkt eines Kampfes, den Niederschlag, sehen wollte. Wie ein Hohepriester aus längst vergangener Zeit war er der Vermittler eines ebenso archaischen wie modernen Rituals, eines säkularisierten Kultspiels, dessen Handlungsabläufe mit atemberaubender Intensität eskalieren und abrupt beendet sein konnten.

Der Boxsport jedenfalls hatte seine Reputationskrise bald überwunden und lockte mit seinen Meisterschaften mehr denn je die Besucherströme, die vor allem in London die Kassen der Matchmaker klingeln ließen. »Die exklusiven und dünnbesuchten Kämpfe auf dem Rasen von Lillie Bridge wurden abgelöst von den überfüllten Schaustellungen auf den harten Brettern der St. James Hall. Diese wurden von der Boxing Association veranstaltet, und zu ihnen schickten die Provinzen, vornehmlich Birmingham, eine neue Kategorie von Boxern, deren einziges Ziel darin bestand, durch einen rechten Haken zum Kinn ihren Gegner bewußtlos zu schlagen«, erinnert sich der Dramatiker George Bernard Shaw jener frühen Jahre, als die Queensberry-Regeln den Faustkampf eben auch in praxi veränderten. Denn auf die Urteilsfähigkeit der neuerdings bestallten drei Punktrichter – meist ehemalige Preisboxer, deren Rechenkünste von der jeweiligen Tagesform oder den jeweils angebotenen Bestechungsgeldern abhingen – mochte man sich als Akteur lieber nicht verlassen: »Der einzige Weg, sich ein günstiges Urteil zu sichern, bestand darin, den Gegner knockout zu schlagen.«

Shaw gehörte zu den energischen Kritikern des neuen Regelwerks. Er verteidigte den orthodoxen *Prize Fight*, indem er ad eins gegen das fragwürdige »Boxen um Punkte« polemisierte, dabei zweitens die ungerechte, weil den Zufallstreffer favorisierende »Zehn-Sekunden-Regel« rügte und drittens das handschuhgeschützte Gefecht eine Heuchelei nannte, da »der Boxhandschuh nichts außer dem öffentlichen Gewissen verschont«.

Der spätere Literaturnobelpreisträger argumentierte aus Erfahrung. Nachdem ihn sein Dichterfreund Pakenham Beatty zu Beginn der achtziger Jahre in die Londoner Boxszene eingeführt hatte, ging Shaw bald zu allen wichtigen Kämpfen, zeitweilig auch in den *London Athletic Club*, wo ihm der zünftige Ned Donnelly charakterstärkende Praxislektionen erteilte. Shaws Boxprofessor war ein Schüler des legendären Nat Langham. »Langham hatte einst Sayers besiegt und ihm dabei die Taktik beigebracht, mit der dieser dann Heenan besiegte.« Diese Taktik hieß Unbeirrbarkeit und Ausdauer – kämpferische Qualitäten, die fürderhin auch den jungen, mittellosen Schriftsteller auszeichnen sollten, der als Sohn eines Dubliner Trunkenboldes frühzeitig auf eigenen Füßen stehen und in London erst lange Jahre als Bohemien und Journalist über die Runden kommen mußte, bevor er mit seinen Bühnenstücken durchschlagenden Erfolg hatte. Als Amateurboxer freilich warf der Vernunftathlet, der sich für Tierschutz und Sozialismus einsetzte, schon nach wenigen Übungswochen das Handtuch: »Wir selbst kämpfen nicht gerne. Aber wir schauen Kämpfen gerne zu.«

Vornehmlich dann, wenn der von Donnelly trainierte Leichtgewichtsmeister Jack Burke in den Ring stieg. Nach seinem Vorbild modellierte Shaw den Titelhelden seines frühen Romans *Cashel Byron's Profession*: die märchenhaft-skurrile Geschichte eines Preisboxers, der sein übelbeleumdetes Metier verschweigen muß, um die Liebe von

Miss Lydia, einer vermögenden Aristokratin, zu gewinnen. Die schöne Lady, bereit, sich über alle Konventionen hinwegzusetzen, »wenn man nur ein einziges Mal einen gebildeten Mann finden könnte, der niemals ein Buch gelesen hätte«, findet in Cashel den Mann ihrer Träume. Der wiederum, klug genug, die glückliche Mesalliance zu nutzen, macht in der Politik Karriere und zieht zu ironischer Letzt als Abgeordneter ins Parlament, während sein einstiger Rivale im Seilgeviert, William Paradise, dem Alkohol verfällt und daran zugrunde geht.

Mit *Cashel Byron* (der Name spielte natürlich auf den sportiven Lord Byron an) schuf Shaw den ersten Boxerroman überhaupt, dabei nicht nur von den Trainingseinheiten bei Ned Donnelly (im Roman: Ned Skene) profitierend, sondern mehr noch von der einschlägigen Fachliteratur, insbesondere Pierce Egans Standardwerk *Boxiana*, dessen fünf Bände er in der Bibliothek des Britischen Museums studierte und unterderhand mit seinen sozialkritischen Analysen verknüpfte. Auf diese Weise ließen sich am Demonstrationsobjekt *Boxsport* die haltlosen Zustände einer politisch korrupten und geistig verwahrlosten Klassengesellschaft darstellen, deren starre Schranken zu überwinden eben nur im Märchen möglich war. Zum Verdruß des Erzählers wurde das Manuskript jedoch von den Londoner Verlegern abgelehnt, so daß es 1885 zunächst als Fortsetzungsfolge in einer Monatszeitschrift für *wissenschaftlichen Sozialismus* erschien. Bald darauf gab Shaw seine Versuche, Romanschriftsteller zu werden, auf und wandte sich seiner eigentlichen Domäne zu, dem Theater, womit gleichzeitig auch sein Faible für Faustkämpfe merklich nachließ, freilich nie ganz erlosch.

So saß er noch im Dezember 1919 am Ring, um für das britische Magazin *Nation* eine Reportage über den Titelkampf zwischen dem Engländer Joe Beckett und dem französischen Meister Georges Carpentier zu schreiben. Denn

Boxen, an dieser Überzeugung hielt der Dichter fest, war »wesentlich ein Zweig der Kunst«, ein dem Bühnendrama vergleichbares Schauspiel, das sein Publikum durch die Erzeugung von Emotionen, von »Kampflust« fesselte. Umgekehrt durchschaute er, und das trübte sein Verhältnis zum Pugilismus, den wachsenden Einfluß der Funktionäre, Matchmaker und Manager, die aus dem männlichen Streben nach »Genugtuung« ein gewinnbringendes »Gewerbe«, einen blühenden Zweig der Wirtschaft machten, wie er öffentlich monierte.

Der Verbreitung des Boxsports tat dies keinen Abbruch. Im Gegenteil: Bereits zu Beginn des 19. Jahrhunderts hatten englische Seefahrer das *Prizefighting* in die nordamerikanischen Hafenstädte an der Ostküste gebracht, wo die Vorführungen, obwohl (oder gerade weil) von den Behörden verboten, rasch Zulauf fanden. Vor allem in den Armutsvierteln der irischen Einwanderer lief das Boxgeschäft, das mit erklecklichen Gagen und sozialem Aufstieg lockte, bald wie geschmiert. Desgleichen boomten die Gyms in den Ghettos der Schwarzen. Und sogar im Wilden Westen hatte man mittlerweile gelernt, das Schießeisen steckenzulassen und sein Glück mit den Fäusten zu versuchen, als um die Jahrhundertwende der Pugilismus endlich auch auf das europäische Festland übergriff. Im Wilhelminischen Reich stand der Kampfsport zwar noch bis 1918 unter Polizeiverbot, was die kaiserlichen Untertanen aber nicht davon abhielt, ihre Boxduelle in den Hinterzimmern von Matrosenkneipen und Bumslokalen, unter Flußbrücken oder auf Kirmesplätzen auszutragen. Leonhard Mandler, der Nestor des hiesigen Fäusteschwingens, gründete 1912 den ersten deutschen Boxverein, den SV Astoria-Berlin.

Einen ihrer Größten hatte die Welt des modernen Faustkampfs da freilich schon gesehen: Bob Fitzsimmons, den boxenden Hufschmied aus Helston/Cornwall, der in drei

Gewichtsklassen Weltmeister wurde und als erster und bislang einziger Mittelgewichtler das Championat im Schwergewicht gewann – am 17. März 1897. Nach bester Queensberry-Manier hatte er an diesem Tag den exzellenten Techniker *Gentleman Jim* Corbett in der 14. Runde k.o. geschlagen. Später wanderte der *Rote Bob* in die USA aus, wo die Kampfveranstalter schon damals mit Börsen lockten, von denen Preisboxer diesseits des Atlantiks nur träumen konnten.

Dabei welkten die Träume in Amerika oft schneller als ein Lorbeerkranz. Professioneller nämlich noch als die Athleten beherrschten die Bosse ihr Metier. »Die Unternehmer und die Manager, die sind es, die das Geschäft betreiben. Die Boxer sind nur Boxer. Sie fangen ganz ehrlich an, aber die Manager und Unternehmer zwingen sie mitzumachen oder jagen sie weg.« Zu dieser bitteren Einsicht gelangte das umjubelte Box-As Pat Glendon. Ein Naturbursche aus den kalifornischen Wäldern, scheu und unverdorben, doch durch Klugheit und seine Neigung zum Schöngeistigen bald ins Außergewöhnliche gehoben, hatte er die glanzvolle, zwielichtige, korrupte Welt des Profiboxens sattsam kennengelernt, als er seine Karriere vorzeitig beendete. »An dem Sport ist an sich gar nichts auszusetzen, aber sie machen ein Geschäft daraus, und das verdirbt ihn!« Seinen letzten Kampf bestritt der Wunderathlet in der überfüllten Golden-Gate-Arena von San Francisco gegen Tom Cannam – indes errang er auch diesen Sieg nur im Reich der Fiktion.

Pat Glendon nämlich gehört zu den fabulösen Boxergestalten, die der Phantasie des Weltumseglers, Goldgräbers und Bestsellerautors Jack London entsprangen. In Erzählungen wie *Der Ruhm des Kämpfers,* in Geschichten und Romanen, insbesondere *The Game* (1905), hat London, der als vagabundierender Glücksritter oft genug selbst zwischen den Seilen gestanden hatte, das Boxmilieu beschrieben. Freilich nicht im Stile eines nüchternen Realisten, sondern mit dem Pathos des Mythomanen, der im Faustkampf den Mut und die Willenskraft des heroischen Einzelgängers feiert: den hartgesottenen Mann der Tat, der sein Heil über dem Abgrund sucht. »Ich entdeckte«, schrieb London 1906 in einem autobiographischen Text, »daß es mir keinen Spaß macht, in diesem Wohnzimmer der Gesellschaft zu leben. Ich langweile mich.«

Mit dem gleichen Drang zum Risiko fliehen auch seine boxenden Helden die Seßhaften, fest entschlossen, sich auf eigene Faust nach oben zu kämpfen, ohne dabei Würde und Anstand zu verlieren. Als austrainierte Idealisten rebellieren sie gegen das erbarmungslose Boxbusineß, gegen die betrügerischen Machenschaften von Agenten und Schiebern und zeigen dem zahlenden Publikum, wie es in Amerika »mit dem Sport hinter den Kulissen aussieht«.

Wie George Bernard Shaw und andere sportive Sprachkünstler nach ihm war auch Jack London, der es vom Arbeiterkind über die Umwege der Landstraße zum bestbezahlten Schriftsteller der USA brachte, ein *Box-Romantiker*. Sein Lob der explosiven Muskelkräfte korrespondierte mit einem tiefen Abscheu vor den Organisations- und Unterwerfungsstrukturen der kapitalistischen Massengesellschaft. Erzählte er von den aufrechten Männern im Ring, mythisierte er in ihnen den amerikanischen Pioniergeist, den solitären Kampf gegen die ungebändigte Natur und die Glücksverheißungen des Abenteurertums. Dieserart heiligte er die letzte noch verbliebene Kultstätte des Präzivilisatorischen – jenen durch drei Seile abgegrenzten Bezirk, in dem zwei Männer, halb entblößt und todesmutig, um ihr Leben kämpfen. Es war die Suche nach der verlorenen Wildnis, die Rücksucht nach den Erfahrungen elementarer Selbstbehauptung, die London im fair geführten Fauststreit wiederfand.

Unterdessen ging die Ästhetisierung des Boxsports auf dem europäischen Kontinent von dem flämischen Dichter und Dramatiker Maurice Maeterlinck aus – einem Vertreter der abstrakten Literatur, der die Rätsel, den Zauber, das Unergründliche hinter der empirischen Erscheinungswelt zu fassen suchte.

1862 in Gent geboren und in einer Jesuitenschule erzogen, reüssierte er zunächst mit philosophischen Naturbetrachtungen über das Leben der Bienen, Ameisen und Termiten. Nicht minder gedankenschwer meditierte er über die *Intelligenz der Blumen*. Doch begegnet uns in Maeterlinck keineswegs nur der introvertierte Wald- und Wiesengänger mit Hang zur Mystik, sondern desgleichen eine veritable Sportskanone. Außer im Schwimmen und Rudern übte er sich beizeiten im Schießen und Fechten, und »in einer Zeit, wo Maeterlinck sein Werk *Das Leben der Bienen* schrieb (1900), wurde er Sieger im Gewichtheben«, wie Jean Giraudoux feinsinnig vermerkt. Hinzu kam seine rasende Leidenschaft für Motorräder und Automobile, und als hätte er den Nervenkitzel des Gasgebens noch steigern müssen, nahm Maeterlinck um 1906 das Boxtraining auf, malträtierte Sandsack und Maisbirne und holte sich schnelle, robuste Sparringspartner vor die Fäuste: »Neben unseren geistigen Rücksichten müssen wir bisweilen auch unseres Körpers gedenken, insonderheit der Übungen, die seine Kraft und Geschicklichkeit mehren und uns zu einem schönen, gesunden, furchtgebietenden Tiere machen, das bereit ist, allen Anforderungen des Lebens die Stirn zu bieten.«

Mit dieser Confessio hebt seine Hymne an die Pugilistik an, jener 1907 veröffentlichte *Eloge de la boxe*, die den nachmaligen Nobelpreisträger als einen so enthusiasmierten wie engagierten Anwalt des Faustrechts ausweist: »Wenn die Menschheit sich strikt an den deutlichen Willen der Natur hielte, so würde die Faust, die für den Menschen das gleiche bedeutet wie die Hörner für den Stier und die

Tatze für den Löwen, allen unseren Bedürfnissen nach Sicherheit, Gerechtigkeit und Rache genügen. Eine klügere Rasse würde jede andere Kampfesweise verbieten und als unsühnbares Verbrechen gegen die Wesensgesetze der Art ahnden; und auf diese Weise würde nach Verlauf einiger Generationen Respekt vor dem Menschenleben herrschen.«

Dementsprechend rückte Maeterlinck den Pugilismus in die Nähe des Pazifismus, standhaft im Glauben, daß sich mit der »Kunst des Boxens, wo sie allgemein geübt und gepflegt wird«, unsere Zerstörungskräfte ins Konstruktive wenden ließen, ja, daß sich im Feuer des geregelten Schlagabtauschs aller Haß, alles Böse verzehrten.

Beseelt von seiner boxpädagogischen Vision, kletterte Maeterlinck ein ums andere Mal durch die Seile. In einem aufsehenerregenden Schaukampf kreuzte er mit dem Leichtgewichtsmeister Kid McCoy die Fäuste, und noch als Fünfzigjähriger boxte er im Rahmen einer Benefizveranstaltung gegen seinen Mentor, den späteren Weltmeister im Halbschwergewicht Georges Carpentier, der wegen seines stilvoll exzentrischen Auftretens von aller Welt nur der *Orchideenboxer* genannt wurde. Daß sein prominenter Schüler unter anderem ein stilsicheres Buch *Vom Tode* schrieb, sei hier nur am Rande erwähnt. Hervorzuheben bleibt sein höchst vitaler Beitrag zur Renaissance der Box-Kultur im alten Europa.

Ebendort freilich mußte auch Maeterlinck schon bald mit Entsetzen gewahren, wie die seelenlose Maschinerie des Krieges über alle sporterzieherischen Bemühungen hinwegrollte. Im kontinentalen Untergangswirbel vollendete sich der Triumph der technischen Apparate, wohingegen sich die natürliche Waffe des Menschen nur mehr zur Schmähfaust ballen ließ.

Sportfieber

»Und was den Irrtum anbetrifft, daß das Boxen rohe Instinkte entstehen lasse, so kann dieser nur in dem Kopfe neidischer Schwächlinge oder geistig Minderwertiger existieren. Fern davon ist es ein veredelnder Sport, einer, der, während er den Sinn des Selbstschutzes entwickelt, auch die schöne Eigenschaft der Barmherzigkeit in uns zur Blüte bringt.«

Georges Carpentier,
Meine Methode des Boxens

Einer der schillerndsten Poeten, die sich in unserem Jahrhundert auf die Seite der Boxer gestellt haben, war Arthur Cravan, der *Dichter mit den kürzesten Haaren der Welt* und *Neffe Oscar Wildes*, wie er sich marktschreierisch nannte. Als fideler Vorkämpfer von Dada brillierte er vor allem im Windmachen, renommierte mit seinem prachtvollen Wuchs und ließ im Pariser Kunstbetrieb die Muskeln spielen. Indessen zeigte der Athletiker wenig Lust, »mich von Europa mitreißen zu lassen«, weshalb er sich bei Kriegsausbruch im Sommer 1914 flott nach Spanien absetzte. Als Boxer mit Traditionsbewußtsein bestand Cravan auf fairen Auseinandersetzungen. Amateurboxmeister von Frankreich war er allerdings nur geworden, weil niemand gegen ihn antreten wollte.

Ersatzweise verkrachte er sich mit *tout Paris*, indem er jede sich bietende Gelegenheit beim Schopfe packte, durch wüste Beschimpfungen und Unflätigkeiten aller Art die elitäre Salonszene kräftig aufzumischen. Schlag auf Schlag gab er die fünf Nummern seines Literaturheftchens *Maintenant* heraus, mit dem er publik machte, was er den Schöngeistern bereits in praxi eingebleut hatte, daß nämlich »jeder große

Künstler die Provokation liebt«. Und dies bei anhaltend großer Klappe: Mal kündigte er lauthals seinen Selbstmord an, dann schleuderte er wieder garstige Flüche gegen seine Kritiker, denen er drohte, die Geschlechtsteile abzudrehen.

Das dickste Ding aber leistete sich der »König der verkrachten Existenzen« in der Stierkampfarena von Barcelona. Vor der tosenden Kulisse eines seit Tagen durch Plakate und Presseberichte aufgepeitschten Publikums forderte er am Nachmittag des 23. April 1916 den dunkelhäutigen Ex-Schwergewichtsweltmeister Jack Johnson zum Match heraus. »Einmal im Jahr«, so der Amateurdichter, »muß man seine Zukunft wieder aufs Spiel setzen.« Dabei kam sowohl dem tollkühnen Cravan als auch dem *Giganten aus Texas* der Großkampftag sehr gelegen; denn beide brauchten Geld: der fahnenflüchtige Nix-Künstler sowieso, der wegen angeblicher Zuhälterei in den USA gesuchte Johnson, weil ihn seine Flucht nach Europa ein Vermögen gekostet hatte. Doch dazu später mehr. Hören wir erst einmal, wie sich der Boxer-Poet (Kampfrekord: vier Gedichte) als *Challenger* des langjährigen Titelträgers aus der Affäre zog. Sein Pariser Rauf- und Saufkumpan Blaise Cendrars berichtet:

»Nach der Ankündigung und der Präsentierung der beiden Gegner im Ring hatte der schöne Arthur, auf das *Go!* des Schiedsrichters hin, Schutzstellung bezogen: die beiden behandschuhten Fäuste vorm Gesicht, den Rücken geduckt, den Bauch eingezogen, die ganze Gestalt nach vorn gestreckt, Kopf zwischen den Schultern, Ellbogen aneinandergepreßt – so erwartete er den Gnadenstoß, ohne die Spur einer eigenen Bewegung, ohne auch nur die Finte einer Spur einer eigenen Bewegung, damit es so aussähe, als ob ... Er begnügte sich damit, *auffällig zitternd* von einem Fuß auf den anderen zu treten, während der Neger sich um den wackeren Kämpen herumdrehte, wie eine große schwarze Ratte um einen Edamer Käse, und sich dreimal hintereinander zur

Ordnung rufen ließ, weil Big Jack dem Dichter dreimal hintereinander einen Tritt in den Hintern versetzt hatte, um den Neffen Oscar Wildes ein bißchen aufzumuntern. Schließlich versetzte er ihm lachend ein paar Rippenstöße und Faustschläge, redete ihm ermutigend zu, beschimpfte ihn zum Spaß – bis Jack Johnson jählings in Wut geriet und ihn mit einem mächtigen Schlag aufs linke Ohr glatt zu Boden warf, mit einem Schlag, der eines Schlächters oder eines Raubmörders würdig gewesen wäre, so widerlich wurde ihm die Geschichte! Cravan regte sich nicht mehr. Der Schiedsrichter zählte, der Gong verkündete das Ende des Wettkampfs, und Jack Johnson wurde als Sieger durch *knock-out* proklamiert. Das Ganze hatte nicht einmal eine Minute gedauert. Dann begann der Neger das Publikum zu beschimpfen, das mit echt katalanischer Vehemenz protestierte, es wäre nicht auf seine Kosten gekommen, den Ring überflutete, das Eintrittsgeld zurückverlangte und alles kurz und klein zu schlagen begann. Die Polizei griff ein, es kam zu einem allgemeinen Handgemenge. Man mußte die *carabineros* zu Hilfe rufen, die den Weltmeister aufs Kommissariat brachten, und den Managern blieb nichts übrig, als nachzugeben und das Eintrittsgeld zurückzuzahlen!«

Der Agent des Schabernacks hingegen hatte das Künstlerglück, rechtzeitig im Koma zu liegen. Zumal er sich seine Gage bereits vor dem Kampf hatte auszahlen lassen. Wieder im Vollbesitz seiner Halunkenkräfte, brannte er damit komfortabel nach New York durch. An Bord des von Kriegsflüchtlingen belegten Überseedampfers tangierte seine Lebenskurve die eines russischen Revolutionärs, der sich später an »einen Boxer und gelegentlichen Literaten, einen Cousin Oscar Wildes« erinnerte, »der aufrichtig zugab, daß er lieber in einem fairen Boxkampf ein paar Yankees die Kinnlade zerschmettern wolle, als sich von einem Deutschen die Rippen brechen zu lassen...« Der sichtlich beeindruckte Passagier hieß Leo Trotzki, und wie den marxistischen Ketzer, so verschlug es auch den dadaistischen Deserteur nach Mexiko, wo er als erfolgloser Silberschürfer eine Boxakademie eröffnete. Im Alter von dreiunddreißig Jahren fuhr Cravan schließlich boxerseelenallein in einem Paddelboot ins Karibische Meer hinaus und verschwand für immer, nichts hinterlassend, außer seiner Legende.

Kaum weniger turbulent verlief die Karriere des gloriosen Jack Johnson. Im Jahre 1908, am 26. Dezember, hatte sich der vormalige Baumwollpflücker und Pferdeknecht als erster Schwarzer in der Geschichte des Schwergewichtsboxens die Krone des Weltmeisters geholt – im fernen Sydney mit einem Sieg über den weißen Champion Tommy Burns. Derart grün und blau hatte er den weißen Mann geprügelt, daß die Polizei das brachiale Strafgericht in der 14. Runde stoppte, um den 20 000 Zuschauern im Stadion und einem kreidebleichen Referee das schmachvolle Auszählen ihres Favoriten zu ersparen.

Für die Presse war Johnsons Triumph »der Untergang der weißen Rasse«, womit eine bis dato beispiellose Hetzkampagne einsetzte, die bald nach Revanche, bald nach der *weißen Hoffnung* schrie. Der Ring-Reporter des New Yorker *Herald* glaubte auch schon zu wissen, wer es dem Neger zeigen könnte: James Jeffries, der Ex-Champ, der die *gloves* bereits an den Nagel gehangen hatte und sich neuerdings als Farmer versuchte. Jeffries sollte die Schande von Sydney tilgen, vor allem aber sollte er das »Grinsen aus Johnsons Gesicht wischen«. Der Verfasser des Artikels war der Weltenbummler Jack London, der sich zur Aufbesserung seiner Reisekasse in Australien als Zeitungsschreiber hatte anheuern lassen.

Als der Jeffries-Johnson-Fight dann 1910 in Reno in Nevada tatsächlich zustande kam, schickte ihn das Blatt erneut zur Berichterstattung. Und wieder mußte der Reporter mit ansehen, wie Johnsons rechte Aufwärtshaken zum Kopf des Gegners flogen, wie die explodierenden Geraden Jeffries'

Nasenbein zertrümmerten und wie sich das Desaster von Sydney binnen 15 Runden wiederholte. Johnson ließ seine Goldzähne blitzen und lächelte. Dieses »goldene Grinsen«, mit dem er seine Widersacher zur Weißglut brachte, machte ihn so populär wie berüchtigt. Doch emotionalisierte Johnson, dem es weder an Schlagfertigkeit noch an Humor mangelte, nicht nur als mokanter Clown im Ring; er tat es auch außerhalb. Provokant gab er den frivol-vergnügten Lebemann, der seine frisch gewonnenen Dollarbündel in Spielhöllen und Bordellen verjubelte, der feines Tuch trug und ein schickes Automobil fuhr. Im Luxus zu schwelgen, sich weiße Frauen zu kaufen und dabei notorisch gegen die herrschende Verkehrsordnung zu verstoßen war seine Art, die Welt zu ignorieren und das amerikanische Establishment zu ärgern.

Nach dem Kampf in Reno, für den sich erstmals auch der Ku-Klux-Klan interessierte, war es zu schweren Rassenkrawallen gekommen, bei denen dreizehn Menschen ihr Leben verloren. Der zum schwarzen Volkshelden aufgestiegene Champion zerstörte derweil eine *weiße Hoffnung* nach der anderen, und je souveräner er seine Konkurrenten – grimmige Recken und rachsüchtige Riesen – deklassierte, desto hektischer wurden die patriotischen Bemühungen, den Boxkönig hinterrücks vom Thron zu stoßen. Erst nahm man seine lebhaft wechselnden Amouren zum Vorwand, ihn der Prostitution anzuklagen und zu einer zwölfmonatigen Haftstrafe zu verdonnern. Alsdann, nachdem er anstatt ins Gefängnis außer Landes gegangen war, lockte man ihn zur Verteidigung seines Titels nach Havanna, wo er über die irrwitzige Distanz von 45 Runden gegen den um zwei Köpfe größeren Jess Willard boxen sollte. In einem undurchsichtigen Zusammenspiel von Korruption und Mordandrohung dominierte der Weltmeister den Kampf bis zur 26. Runde, als er sich der in Aussicht gestellten Eventualitäten besann und dramatisch zu Boden ging. Was aussah wie ein klassischer Knockout, sei in Wahrheit simuliert gewesen, behauptete Johnson später. Für den Titelverzicht hätte man ihm neben einer Menge Geld die freie Rückkehr in die Vereinigten Staaten angeboten.

Den Beweis für seine Version liefert eines der berühmtesten Fotos der Boxgeschichte: Es zeigt einen am Boden liegenden Champion, der sich zum Schutz vor der hochstehenden kubanischen Sonne beide Fäuste vor die Augen hält. Hat man je einen Boxer gesehen, den im Nirwana der Bewußtlosigkeit noch ein Lichtstrahl blendet?

Nach seiner Entthronung kehrte der verprellte Champ ins Londoner Exil zurück, wo er wieder Theater spielte. Auf Vaudeville-Bühnen machte er den Possenreißer, in Jazzclubs den Ladykiller am Kontrabaß, und als tingelnde Sportlegende tanzten ihm Schießbudenfiguren wie Arthur Cravan vor die Fäuste. In Spanien probierte er noch die verwegene Rolle des Stierkämpfers, bevor er Wanderjahre später zurück in die texanische Heimat fand, seine einjährige Gefängnisstrafe abbrummte und sich anschließend, weil mit fünf Dollar Entlassungsgeld kein Start zu machen war, noch einmal im Ring versuchte – anfänglich als boxender Mittvierziger, später als Kampfrichter, Sekundant und Manager. Sein Leben endete abrupt, am 10. Juni 1946: Auf dem Weg nach New York, wo er den Titelfight seines schwarzen Nachfolgers Joe Louis gegen Billy Conn besuchen wollte, raste er mit seinem Wagen frontal gegen einen Lichtmast und starb kurz darauf im Krankenhaus.

Zwei Jahrzehnte nach seinem Tod hatte am Broadway *The Great White Hope* Premiere, ein Stück aus der Feder des Theaterregisseurs Howard Sackler. Es ist die Geschichte von *Black Jack* Johnson, dem Boxer, der auszog, Weltmeister zu werden, und wegen seiner Hautfarbe ein weltverlorener Outlaw blieb. Das Bühnenwerk wurde ein sensationeller Erfolg und trug seinem Autor den renommierten Pulitzerpreis ein.

Allein, wie kann ein Schriftsteller vom Boxen schreiben, ohne auch nur ein einziges Mal selbst durch die Erfahrung der Konfrontation gegangen zu sein? Wenigstens einmal wollte es der Journalist und Erzähler Paul Gallico wissen. Als junger Sportreporter hatte er den kometenhaften Aufstieg von Jack Dempsey aus Manassa/Colorado verfolgt, den sie *Manassa Mauler* riefen, seitdem er 1919 bei seinem ersten Kampf um die Krone der Schwergewichtler den wuchtigen Willard in ein körperliches Wrack verwandelt hatte. Im Trainingsquartier, wo sich Dempsey auf seine Auseinandersetzung mit Luis Firpo (*The Wild Bull of the Pampas*) vorbereitete, gelang es Gallico, ihn zu einer Sparringsrunde zu überreden. So sollte er den aufregenden Moment erleben, einem Faustgetüm einmal direkt ins Gehege zu kommen. Dempsey, dessen aggressiver, schneller, raubtierhafter Kampfstil den Gattungsbegriff des *Killerboxers* prägte, gehörte zu den *he-men*, die es einfach nicht ertragen konnten, im Seilgeviert noch jemand anderen neben sich zu haben. Die aufblitzende Wut in seinen Augen und das Zischen eines herausgefeuerten Prankenhiebs waren denn auch das einzige, an das sich Gallico später noch erinnern konnte. Immerhin aber wußte der Zeitungsreporter fortab, wovon seine Sprache war, wenn sie um Vokabeln wie Deckungsarbeit, Cross-Schläge oder Fallobst kreiste.

Jack Dempsey, der sich mit dem Reden schwertat, schrieb alles, was er zu sagen hatte, in die erschrockenen Gesichter seiner Gegner. Es war die gestochene Keilschrift eines Autodidakten, der als neuntes von elf Kindern schon früh die Baracke seiner verarmten Mormoneneltern hinter sich gelassen hatte, um auf Güterzügen und in Holzfällercamps das Einmaleins des Überlebens zu lernen. Mit fünfzehn Jahren fing er an, für Geld zu boxen und sich auf diese Weise die Fertigkeiten eines soliden Faustarbeiters anzueignen. Für die höhere Boxerlaufbahn qualifizierten ihn sein rigoroser Vernichtungswille sowie die unnachahmliche Diktion, in der er seine Überzeugung, daß geben seliger ist denn nehmen, an den Mann brachte.

Im Grunde lieferte er seinen Kontrahenten keine herkömmlichen Wett-, sondern erbarmungslose Existenzkämpfe. Dempsey inkarnierte das Gesetz des Dschungels, den Löwenbändiger aus Leidenschaft, der in seiner zum Äußersten entschlossenen Wildheit nur durch das rechtzeitige Eingreifen der Ringaufseher zu bremsen war. So an jenem Julitag des Jahres 1921, da er seinen Herausforderer, den charismatischen Georges Carpentier, in Runde vier mit Trefferkombinationen von der Schlagkraft einer Abrißbirne in den vorzeitigen Ruhestand schickte.

80000 Menschen sahen diesen ersten *Kampf des Jahrhunderts*, der für Dempsey, den umjubelten Weltmeister aller Klassen, nicht der letzte blieb. Denn wie der Puncher der schaulustigen Menge die Instinkte des Urmenschen erhielt, repräsentierte er zugleich den Geist der Zeit: das von großstädtischen Sensationen und extremen Reizen sich nährende Lebensgefühl der *Roaring twenties*. Mit dem Siegeszug von Radio, Film und Illustrierten waren Boxkämpfe zu Medienereignissen geworden, und nichts vermochte die Massen mehr zu elektrisieren als die spektakulären Dramen von Jack Dempsey. Dank ihrer übertragungstechnischen Verbreitung, gesteuert von einer cleveren Promoter-Regie, war er bald so populär wie Rudolph Valentino oder Al Capone.

Vordem entfesselte der Sieg eines Boxers ausschließlich den Beifallssturm der Arena, jetzt hob ihn der mediale Starkult ins gleißende Rampenlicht der Weltöffentlichkeit. Zum Trophäenstolz kamen Reichtum, Glanz und Glamour, und aus modernen Gladiatoren wurden weithin bewunderte, mithin auf Schritt und Tritt beäugte Ausnahmewesen. Als Dempsey die Stummfilmdiva Estelle Taylor heiratete, war der Pressewirbel entsprechend, bewegte die heillose Epoche doch nichts so sehr wie die Geschicke ihrer inthronisierten

Helden – der Idole am Projektionshimmel verbannter Götterschar.

120000 Zuschauer füllten das neue Stadion von Philadelphia, als sich unten auf dem segeltuchweißen Podest der Champion und sein Widerpart Gene Tunney gegenüberstanden. Wochenlang hatte Amerika diesem Duell entgegengefiebert, einem Kräftemessen, das in seiner Symbolik den Dualismus von Jahrhunderten zitierte: in der einen Ecke der herkulische, schier unbezwingbare Underdog aus Colorado, in der anderen der intelligent fechtende Stratege New Yorker Schule. Heißblütiger *Mauler* der eine, graduierter Marineoffizier mit Buchwissen der andere, konkurrierten hier die jeweiligen Vertreter von Prärie und Moderne, von Archaik und Technik. Gene Tunney, oftmals als »Literat im Ring« belächelt, zerstörte an diesem 23. September 1926 einen amerikanischen Traum: Dempsey verlor den Kampf nach Punkten und mußte als Weltmeister abtreten.

»Sein oder Nichtsein, das ist hier die Frage!« hatte Tunney den Journalisten vor dem Fight in die Notizblöcke diktiert, und als es im Jahr darauf im Soldier's Field von Chicago zum Rückkampf kam, verblüffte er die Presse mit einem kecken Zweizeiler: »I've got plenty of money, that's 'cause I'm Gene Tunney.« Seiner spritzigen Eloquenz entsprach abermals eine bestechende Rhetorik im Ring. Zwar schlug ihn Dempsey in der siebten Runde nieder, doch mußte der Referee erst einmal dessen mörderischen Angriffsfuror zügeln, bevor er mit dem regulären Auszählen beginnen konnte. Bis neun stand Tunney wieder auf den Beinen, und so wurde aus einer verlängerten Erholungspause eine Titelverteidigung nach Punkten. Als *battle of the long count* ging sie in die Sportgeschichte ein, ebenso wie die Kampfbörse, die das damalige Rekordniveau von knapp einer Million Dollar erreichte.

Ein Liebling der Massen wurde Gene Tunney nie, wiewohl er in 83 Profikämpfen nur ein einziges Mal das Nachsehen hatte: gegen Harry Greb, die *menschliche Windmühle*, deren Flügel ihn über die volle Distanz schredderten und nach Meinung des Ringgremiums auch schafften. Als Weltmeister blieb Tunney unbesiegt. Dabei galt sein Ehrgeiz keineswegs allein dem Boxen. Mit seiner ausgeprägten Neigung zur Belletristik reüssierte der Sohn irischer Immigranten desgleichen in der Welt der Literatur. An der Universität von Yale dozierte er über Shakespeare; im Trainingslager rezitierte er Walter Scott und Victor Hugo, und mit George Bernard Shaw schrieb er sich lange Briefe. Als sich die beiden erstmals persönlich kennenlernen sollten, stellte Shaw die Bedingung, daß er nur vom Boxen und Tunney ausschließlich von der Dichtkunst parlieren dürfe: »In literarischen Fragen hat Tunney nämlich einen ausgezeichneten Geschmack. Er hält meinen Boxerroman *Cashel Byron's Profession* für miserabel, und ich bin ganz seiner Ansicht.« Aus dem Expertenplausch wurde eine lebenslange Freundschaft.

Nach Beendigung seiner Sportlerlaufbahn engagierte sich der gefragte Selfmademan, inzwischen mit der Carnegie-Erbin Polly Lauder verheiratet, in der Politik. Für Franklin D. Roosevelt rührte er die Wahlkampftrommel, und wäre es nach dem Willen des Präsidenten gegangen, hätte Tunney das Amt des US-Botschafters in Nazideutschland übernommen. Hitler jedoch weigerte sich, mit einem ehemaligen Boxer auf diplomatischem Parkett zu verkehren. So blieb Tunney im Land der demokratischen Möglichkeiten, widmete sich seinen geschäftlichen Aufgaben und ward nicht zuletzt ob seiner intellektuellen Kompetenzen hochgeschätzt.

Auch Ernest Hemingway fand in Tunney einen Bruder im Geiste. Auf seiner Finca am Rande Havannas war der Ex-Champ ein gerngesehener Gast, wobei den trinkfreudigen

Hausherrn, wie George Plimpton kolportiert, im Grunde immer nur das eine reizte, nämlich mit Tunney zu sparren. Die erste Runde, die ihm der Weltmeister nach langem Drängen endlich gewährte, soll dann allerdings auch schon die letzte gewesen sein. Angeblich landete Hemingway einen unkontrollierten Tiefschlag, den Tunney mit einer derart eindrucksvollen Lektion beantwortete, daß ihn sein Gastgeber hernach nie wieder um ein Training ersuchte.

Desungeachtet war Hemingway der zweifelsfrei aktivste Dichter der Boxmoderne, und die Tatsache, daß ihn selbst ein Mann wie Tom Heeney, gegen den Tunney 1928 seinen letzten, siegreichen WM-Kampf bestritten hatte, vor die Fäuste ließ, zeigt, daß der Literaturmeister mitnichten nur ein Papiertiger war. Hemingway boxte seit seinen frühen Reportertagen in Kansas City. Später, in Chicago, verdiente sich der Lohnschreiber ein Zubrot als Sparringspartner. Auf dem Schiff, das ihn 1921 nach Europa brachte, trat er im Speisesaal zu einem Schaukampf gegen einen Berufsboxer aus Salt Lake City an und blamierte ihn binnen drei Runden *bis auf die Knochen*. Kaum in Paris angekommen, schlug er dem tapferen Geschäftsmann Lewis Galantière bei einem Match im Hotelzimmer die Brille zu Bruch. Mit starkem Gefühl und noch mehr Ambition avancierte er schließlich zum Star der literarischen Szene, die am Montparnasse, bunt-bewegt und lauthin hörbar, die *Lost generation* gebar.

Der dichtende, dabei von geistigen Strapazen schon arg abgekämpfte Doyen unter den Exilamerikanern, Ezra Pound, protegierte den jungen Schriftsteller, strich ihm die überflüssigen Adjektive aus den Manuskripten und führte ihn bei Zeitschriften und kunstsinnigen Damenkränzchen ein. Hemingway revanchierte sich dafür mit sportlichen Lektionen: »Ich habe Pound Boxen beigebracht, ohne großen Erfolg«, übermittelt er im März 1922 Sherwood Anderson. »Er greift gewöhnlich mit vorgeschobenem Kinn an und besitzt etwa die Grazie eines Panzerkrebses. Er ist willig, aber kurzatmig. Heute nachmittag gehe ich wieder rüber zum Training, aber es bringt nicht viel, weil ich zwischen den Runden noch schattenboxen muß, um überhaupt ins Schwitzen zu kommen. Pound schwitzt allerdings gut, muß ich zu seinen Gunsten sagen. Außerdem ist es recht sportlich von ihm, daß er seine Würde und seinen Ruf als Kritiker für etwas aufs Spiel setzt, von dem er nicht das geringste versteht.«

Indessen erwies sich der Poeta doctus als ein durchaus talentierter Schützling, weshalb sein Übungsleiter bald anerkennend und nicht ohne Stolz vermelden konnte: »Ich boxe regelmäßig mit Ezra Pound, und er hat einen ungeheuren Schlag entwickelt. Meistens haut er allerdings in meine Dekkung, und wenn er zu grob wird, strecke ich ihn nieder. Er ist ein guter, mutiger Bursche und ist ein verteufelter Boxer geworden – und wenn ich eines Tages mal nicht aufpasse, wird er mir den Latz vollknallen.«

Solange er in Paris lebte, schien Hemingay vom Boxen ebenso besessen wie von der Schriftstellerei. Mit der gleichen Ausdauer, wie er auf die Tasten seiner Schreibmaschine einhackte, keilte er in die schnaufenden Leiber seiner wechselnden Sparringsgegner, nicht wenige darunter – nennen wir Jean Prévost oder Scott Fitzgerald –, mit denen er gleichzeitig auf literarischem Feld konkurrierte. Keine Wohnung war zu klein, kein Rendezvous zu wichtig, um nicht drei, vier Runden zu boxen, oder schroffer gewendet: die maskulinen Kräfte zu messen und sich in Schmerz und Gefahr als kaltblütig, mannhaft, heroisch zu beweisen.

Doch was aus den Logen der Literaturgeschichte gern als Macho-Kult eines labilen Charakters denunziert wurde, kann bei näherer Betrachtung auch differenzierter gedeutet werden. »Das Boxen war der äußere Ausdruck des heftigen inneren Kampfes, der in ihm vorging«, meint der englische Romancier und Hemingway-Biograph Anthony Burgess. Es sei der Kampf darum gewesen, einen *wahren, einfachen*

Aussagesatz zu schreiben. »Er wollte schreiben ohne Rüschen und Schnörkel, ohne eine Pose einzunehmen, durch Wort und Satzbau Gedanken und Empfindungen ebenso mitteilen wie Körperlichkeit.« In diesem Sinne korrelierten die Gesetze der Pugilistik mit Hemingways Stil als Schriftsteller: Geradeheraus, schnell, hart und präzise sollten die Sätze kommen, wie trockene Jabs und mit der Wirkung zielgenauer Uppercuts. Ungeschminkt und kompromißlos sollte das Schreiben die Dinge erfassen, das Leben verdeutlichen. »Es gibt in der Literatur keinen zweiten, der sein Verständnis für das Boxen stilistisch so genau umgesetzt hat wie er«, sekundiert der Sachkenner Wolf Wondratschek.

Wir erinnern derweil, daß Hemingways Helden Männer wie der Mittelgewichtsmeister Robert Cohn waren, der das Boxen mit eisernem Willen erlernt hatte, »um seine Minderwertigkeitsgefühle und seine Schüchternheit auszugleichen«, der als Außenseiter durch Niederlagen und Mißerfolge gehen mußte, wobei ihm der Sport die Seele kräftigte, und der jetzt, im heimatfernen Paris, seine »schriftstellerische Begabung« entdeckte, Bücher las, sich in Tanzbars amüsierte und boxte. Unschwer zu erkennen, daß diese Romanfigur mehr mit ihrem Autor verbindet als nur die Gewichtsklasse.

Daß es ungerecht zugeht in der Welt und daß man alles verlieren darf, nur nicht die Selbstachtung, die Würde, mit der man Niederschläge und Wunden zu ertragen lernt, diese Lebensanschauung hat Hemingway nicht nur auf Stierkämpfer, Kriegsteilnehmer und Großwildjäger projiziert, sondern eben auch etlichen Boxern in den Mund gelegt. Etwa dem stoischen Jack Brennan, der in seinem Kampf *um eine Viertelmillion* nach der zehnten Runde wußte, daß er seinen Rivalen nicht bezwingen konnte; doch wollte er »um seiner selbst willen bis zum Schluß durchhalten. Er wollte nicht k. o. geschlagen werden.«

Von Hemingways boxhistorischen Kenntnissen zeugt die

Erzählung *The Light of the World*, in der zwei abgetakelte Huren von Steve Ketchel schwärmen, »der beste und schönste Mann, der je gelebt hat«. Es habe »nie wieder so einen Mann gegeben. Er bewegte sich genau wie ein Tiger«, ja mehr noch: »Er war wie ein Gott.«

Wir wissen, daß er im wirklichen Leben *Stanley* Ketchel hieß und tatsächlich einer der genialsten Mittelgewichtler war, den die Fachwelt je bewundert hat. Der Sprößling polnischer Einwanderer, als Stanislaus Kiecal 1886 in Michigan geboren, kreditierte von dem Gerücht, daß er bereits über zweihundert *Bar-Fights* absolviert hätte, bevor er als Siebzehnjähriger die Profilizenz erhielt. Vier Jahre später wurde er Weltmeister, trainierte fast nie, triumphierte trotzdem: Im Quadrat ließ er die Fäuste krachen und an nächtlichen Saloontheken die Korken knallen. Ketchel, der immer einen Hauch von Wildwest in die Boxsäle trug, war der Cowboy unter den Champs. Halb Lebemann, ganz Frauenheld, tanzte er auf allen Festen, bis ihn, für alle unfaßbar, am 15. Oktober 1910 die Revolverkugel eines eifersüchtigen Nebenbuhlers ins frühe Grab stieß.

Also weinen des Erzählers Huren, längst alt und fett geworden, aber voller »Erinnerungen«, immer noch ihrem schönen, starken, stets spendablen Boxer nach. Und merken nicht, wie sich ihr Autor über sie lustig macht: Als könnten »Erinnerungen« uns vor der existentiellen Gewißheit des *Nada* schützen, als sei das Leben nicht immer und per se der Wille, es aufs Spiel zu setzen, und als käme dabei nicht jeder früher oder später zu der unwiderruflichen Erkenntnis: *Der Sieger nimmt alles*. Hemingway selbst, zuletzt nur mehr die Wunden seines Ruhms leckend, des Schreibens und also auch des Kämpfens müde, überließ dem *Sieger* bekanntlich freiwillig das Terrain...

Geist und Tat

> »Jetzt bin ich oben, noch heute aber kann ich abrutschen. Das Gefährliche beim Boxen ist das Ungewisse.«
>
> Heinrich Mann, *Die große Sache*

Geist und Tat haben wir dieses Kapitel überschrieben. Aus triftigem Grund; denn »wir leben im Zeitalter der Tat, in dem der Hunger die Dichter ausrottet«, wie Joseph Roth die zunehmende Bedeutung des Sports für die moderne Massenkultur erfaßte. In der brodelnden Weltstadt Berlin besuchte er 1924 als Zeitungskorrespondent den *Kampf um die Meisterschaft*, der ihm die damalige Boxeuphorie unvergeßlich vor Augen führte. »Es war ein erhebender Abend«, rapportiert der Sportpalastbesucher. »Der Draht hat der Welt bereits die Nachricht überbracht, daß nicht mehr Hans *Breitensträter*, sondern *Samson-Körner* des deutschen Volkes Meisterboxer ist. Mir bleibt die nachträgliche Chronistenpflicht, zu berichten, daß Samson-Körner eigentlich Paul Körner heißt und aus Zwickau in Sachsen kommt. Den Namen ›Samson‹ hat er sich selbst beigelegt, in Amerika nämlich, wo er fünfzehn Jahre geweilt hat. Dort scheint in Boxerkreisen die symbolische Namengebung Sitte zu sein.«

Neben dem sächsischen Samson waren Franz Diener und Max Schmeling die hierzulande herausragenden Faustmatadore der Zwischenkriegszeit, jener *Goldenen Ära* des Boxsports, der in der Spreemetropole sein europäisches Zentrum fand. In Berlin war der »Hunger«, den Roth meinte, am größten, und kein *Großkampftag*, der diese Gier nach Sensation und Erleben nicht von neuem weckte. Der aus Amerika importierten Moden gab es viele, aber keine signierte die Epoche markanter als das Boxen. Warum?

Weil sich die industriell geprägten Lebensverhältnisse bedrohlich verengten: Wachsende Arbeitslosigkeit und grassierende Wohnungsnot, voranschreitende Bürokratisierung und steigender Konkurrenzdruck forcierten den Prozeß der Vermassung, mit dem das autonome Individuum nun definitiv in seine Elemente zerfiel. Der Mensch als Ganzes war nicht mehr zu haben, es sei denn: auf der ausgeleuchteten Bühne des Boxrings, der mit seinen maximal sechs mal sechs Metern der ideale *Schauplatz* für die gesellschaftlichen Bewegungs- und Uniformitätszwänge war. Hier, zwischen den weißen Stricken, wurde die Sache des untergehenden Subjekts verhandelt, das nach Leibeskräften, mit Finten, Tricks und Strategie, um sein Überleben kämpft, das fürchterlich einstecken und genauso austeilen muß, das kein Risiko scheuen darf und sich in seinem Handeln nicht beirren läßt. Und wo, wenn nicht im Box-Theater, konnte, wie ein Blitz aus düsterem Himmel, das Wunder seiner Rettung geschehen. Quasi mit einem Schlag konnte das Schicksal sich wenden, das *Leben* gemeistert sein. Mithin bot Boxen den zuströmenden Massen beides: das Abbild ihrer täglichen Existenzkämpfe und die tröstende Illusion von Lorbeer und Erlösung; krassen Realismus gepaart mit trivialer Metaphysik.

Paul Gurk, der sprachmächtige, leider verkannt gebliebene Mythensammler zwischen Esplanade und Sportpalast, hat diesen Nexus in seinem Mitte der zwanziger Jahre entstandenen *Berlin*-Roman prägnant erhellt:

»In die riesige Kirche des Sports schoß die Masse der Gläubigen, durch die Schächte der Eingänge geformt und gepreßt, in einem schwarzen Strahl und spritzte bis in die Dachsparren der Halle empor. Wo zog noch eine Religion mit solcher Inbrunst Zehntausende an ihren Altar? Ließ sie in Zungen reden, eine neue, ungeformte ekstatische Sprache des Schreis, Wut und Verehrung zugleich, über jede Schranke hinweg, und ließ sie sieden im eigenen Gefühl?

Der Altar aber ist der Ring aus vier gespannten Seilen, dem erhöhten Schafott ähnlich, und über ihm schwebt der neue Gral, die Jupiterlampe, die mit ihrem bläulichen Lichtgezisch von unerhörter Helligkeit die Wandlung über die schwarze Masse mit den ausgelöschten und bereiten Gehirnen herabträuft. Es gibt nur einen Gott. Muskel! Und Tempo ist sein Prophet!«

Mit der Blütezeit des profitabel vermarkteten Boxsports florierte zugleich der nächtlich entflammte Amüsierbetrieb: Revuen und Sechstagerennen, Kabarett, Jazz und Kintopp; die frenetisch tanzende Josephine Baker, Asta Nielsens kühler Sex-Appeal und die gefährlich gespannten Bizepse der Artisten im Luna-Park; der von wilhelminischer Prüderie, von der Stehkragenzivilisation befreite Körper, die Rekordsucht und der Kitzel der Nerven, das *Ick hau' dir eene!* und die narzißtische Lust am Untergang – in diesem stimulierenden Air wurde der Faustkampf auch in Deutschland, vor allem in der Berliner Gesellschaft, zur salonfähigen Attraktion. Um den gleißenden Ring herum saß, in Smoking und großer Abendtoilette, das mondäne Gemisch aus Politik und Wirtschaft, Haute Banque und Showgeschäft, durchsetzt von Halbwelt und Ganovenadel.

Und der Geist? Mochte kein Eckensteher sein. Noch hatte der »Hunger« die Dichter nicht ausgetilgt. Auch sie, die Künstler und Intellektuellen ergötzten sich am Kult der vital agierenden Leiber, diesem auf ein Dutzend Runden zusammengedrängten Lebenskampf, der die Volksseele so ungleich heftiger erregte, als es die Ereignisse der Kunst vermochten. »Vielleicht kann der Mann der geistigen Arbeit von den Methoden, die der Sportsmann durchführt, lernen«, räsonierte Marieluise Fleißer in ihrem 1928 publizierten Essay über *Sportgeist und Zeitkunst.*

Zu den Künstlernaturen, die erklärtermaßen vom Pugilismus lernten, gehörte Fritz Kortner. »Nirgendwo sonst«, begriff der Theaterpraktiker, »hat man die Gier nach Ruhm und Erfolg so greifbar, so todernst vor sich!« Kortner, der bei Max Schmeling Boxstunden nahm und ein aufmerksamer Beobachter der hauptstädtischen Wettkampfszene war, schärfte an den Faustfechtern seinen Blick für Theatralik, für Gestik und Mimik. »Von der sportlichen Faszination abgesehen«, schreibt er in seiner Autobiographie, »fesselte mich der Zweikampf als Drama. Die Ausdrucksskala in Gesicht, Augen und Körper des Boxers war für mich eine erregende und anregende Lehrstunde. Wenn das scharfe Auge des Boxers ins Glotzen gerät, das Gesicht blaß, die Ohren rot, der Atem hastig, die vorher federnden Beine weich werden, täuschte mich nicht der Unbekümmertheit vortäuschende Grinsversuch des schwer Getroffenen, des um Karriere, Ruhm, Börse, Zeitungslob oder nur Lebensunterhalt kämpfenden Mannes im Ring. Ich war angetan von diesem lebens- und zeitnahen Ausdruck.«

Vorrangig der Atmosphäre, des Geschreis wegen zog es Ödön von Horváth, den Tragikomiker des Unbewußten, an die Ringseile. Sein verfeinertes Sensorium erfaßte im Hexenkessel des Boxfights die Atavismen der Menge, jenen Bodensatz von Sentimentalität und Brutalität, der je nach Kampfverlauf hysterisch hochkochte, mithin das Bewußtsein *demaskierte*. Horváths Einstellung zum Boxen war ambivalent, sie schwankte zwischen Faszination und Abscheu, Genuß und Schauder – eine Unentschiedenheit, die ihn während seiner Berliner Jahre naturgemäß stets wieder in die johlende Arena lockte.

Sportgeist zeigte desgleichen der Kollege Robert Musil, der die Körperertüchtigung generell, vornehmlich aber das Boxen, als eine dem aufgeklärten Zeitalter gemäße Form der Unio mystica begrüßte. »Warum bringt man den Sport nicht in Zusammenhang mit den mystischen Bedürfnissen des modernen Menschen, die andere sind als zur Zeit der Scholastik?« fragt er in seiner Studie *Durch die Brille des*

Sports, um dem Helden seines literarischen Hauptwerks eine komplette Boxtheologie mit auf den Weg zu geben: Ulrich, den *Mann ohne Eigenschaften*, führt eine handfeste Straßenprügelei in die Geheimnisse des Faustkampfs ein. Der Reiz des Boxens, doziert er hernach einer reizenden Dame, liege darin, »daß man in einem kleinsten Zeitraum mit einer im bürgerlichen Leben sonst nirgendwo vorkommenden Schnelligkeit und von kaum wahrnehmbaren Zeichen geleitet, so viele, verschiedene, kraftvolle und dennoch aufs genaueste einander zugeordnete Bewegungen ausführen muß, daß es ganz unmöglich wird, sie mit dem Bewußtsein zu beaufsichtigen«. Und dieser sportliche Automatismus, befreit von der Tyrannei des Logos, »dieses Erlebnis der fast völligen Entrückung oder Durchbrechung der bewußten Person sei im Grund verwandt mit verlorengegangenen Erlebnissen, die den Mystikern aller Religionen bekannt gewesen seien«. Fern dem Elend der Reflexion sei die Boxkunst, wie Ulrich meint, »ein zeitgenössischer Ersatz ewiger Bedürnisse«, ergo »eine Art von Theologie.«

Der vom Schiffsjungen und Kirmesboxer zur Sportikone seiner Zeit aufgerückte Samson-Körner meinte das auch, sagte es aber schlichter: »Als der Gong schlug, war es für das Nachdenken zu spät.« So jedenfalls protokollierte es sein Biograph – ein spindeldürres Kerlchen, das gern den wilden Mann markierte, Whiskey kippte, Bürger schreckte und am Boxring ganz Zigarre war. Bedauerlicherweise kam der schreibstarke Virginiaraucher über die ersten vier Kapitel, die im Winter 1926/27 unter dem Titel *Der Lebenslauf des Boxers Samson-Körner* als Fortsetzung in der Sportzeitschrift *Die Arena* abgedruckt wurden, nicht hinaus.

Schon recht; denn der Memoirenschreiber war Bertolt Brecht. Vermittelt durch den boxenden Schriftsteller und Sekundanten diverser Faustkampfgrößen Emil Burri, hatte er den damals amtierenden deutschen Schwergewichtsmeister kennen- und bewundern gelernt. »Samson-Körner ist ein

1 Das magische Seilgeviert

2 Boxende Kinder, Fresko aus Santorin (Thira)
um 1500 v. Chr., Foto: AKG

3 Antiker Faustkämpfer, Athen, 1. Jahrhundert v. Chr.
Foto: AKG

4 Corbett vs. Jackson: Kampf über 61 Runden in San Francisco, 1891

5 Plakat zum Kampf Jack Johnson vs. Arthur Cravan, 1916

6 Löwenbändiger aus Leidenschaft: Jack Dempsey

10 Sugar Ray Robinson, beim Training 1958

11 Ernest Hemingway in Kenia, 1953

12 Archie Moore vs. Rocky Marciano, 1955

13 *Cassius Clay (Muhammad Ali) vs. Karl Mildenberger, Frankfurt am Main, 1966*

14 Europameister im Mittelgewicht:
Gustav »Bubi« Scholz, 1958

großartiger und bedeutsamer Typus«, ließ er die Leser der *Literarischen Welt* wissen. »Ich wollte ihn für mich festhalten. Die einfachste Methode war, mir von ihm sein Leben erzählen zu lassen. Ich halte allerhand von der Wirklichkeit. Allerdings sind solche Wirklichkeiten wie Samson-Körner an den Fingern herzuzählen: Glücksfälle.«

Was diesen Einzelgiganten für Brecht so interessant machte, war die Aura des Authentischen, war die abenteuerliche Lebensgeschichte eines Herumtreibers und Hasardeurs, der sich aus den Zonen des Zwielichts in die Beletage der nationalen Sportelite hochgeboxt hatte. Überdies faszinierte ihn *Paules* Kampfstil, der dem amerikanischen Prinzip des schnörkellosen, zweckmäßigen, ökonomischen Boxens folgte. »Er boxte sachlich«, wie Brecht betonte. Freilich, nachdem der Ringkönig 1925 von Hans Breitensträter entthront worden war und zwei Jahre später, da ihn Rudi Wagener in der Dortmunder Westfalenhalle aus dem Viereck fegte, seine Karriere beendet hatte, erlahmte auch der Schreibschwung seines Biographen, der sich schon wieder neuen Projekten zugewandt hatte.

Zum Beispiel einem Boxerroman mit dem Arbeitstitel *Das Renommee*, welcher zeigen sollte, wie ein sozialer Außenseiter durch sein Boxtalent »Geld und Ruhm verdient und wie er es anfängt, daß er dann den Ruhm noch einmal zu Geld macht, kurz: wie ein Mann *sich macht*«. Angeregt wurde das Vorhaben, das über einige Skizzen nicht hinauskam, durch den berühmten Weltmeisterschaftskampf Jack Dempsey versus Georges Carpentier, den Brecht aus der Wochenschau im Kino kannte. George Carras sollte der Held des Romans heißen, »ein Mann wie Carpentier«.

Statt die Geschichte vom »schönen George« zu erzählen, lieferte der Wortwerker den *Kinnhaken*, die kurze, »lehrreiche Geschichte vom Untergang Freddy Meinkes«, eines Profiboxers, der sein ganzes Lebensglück vom beruflichen Erfolg abhängig macht und dabei verlernt, den Sport als

»Selbstzweck« zu betrachten, weshalb er im entscheidenden Titelfight prompt k. o. geschlagen wird.

Als Lyriker wechselte Brecht die Gewichtsklasse und schuf die *Gedenktafel für zwölf Weltmeister*, eine Vers-Chronik der Mittelgewichtschampions vom Jahre 1891 bis 1927 – von Bob Fitzsimmons bis Mickey Walker: »Dies sind die Namen von zwölf Männern/Die auf ihrem Gebiet die besten ihrer Zeit waren/Festgestellt durch harten Kampf/Unter Beobachtung der Spielregeln/Vor den Augen der Welt.«

Facettenreich und vielförmig kultivierte Brecht das Boxen literarisch, um bei den hitzigen Veranstaltungen im Sportpalast, wohin er mit Emil Burri, Arnolt Bronnen, George Grosz, Fritz Kortner und anderen Boxfreunden pilgerte, sich der puren »Lust am Kampf« hinzugeben. Nie freilich wäre der Bleistiftathlet, den man zu Beginn seiner Laufbahn in der Berliner Charité wegen akuter Unterernährung hochpäppeln mußte, auf die Schnapsidee gekommen, selbst in den quadratisch umspannten Irrsinn zu klettern. Brecht verhielt sich rauchend, blieb Beobachter und ließ sich mit Faustkämpfern allenfalls fotografieren. Wohl hing in seiner Berliner Wohnung ein Punchingball, der ihm aber nach eigener Aussage vor allem dazu diente, seinen Gefühlsstau nach Lektüre von Premierenkritiken abzureagieren. Als wär's die Visage eines Rezensenten, drosch der Künstler auf sie ein – die Maisbirne, die folglich nur ein weiteres Requisit in seiner rabiaten Selbstinszenierung war. Auf die Pose nämlich verstand der Poet sich blendend, wissend, daß wer nach oben, auf den abschüssigen Literaturolymp will, eben auch mit Finten und Verfremdungseffekten der praktischen Art arbeiten muß. Und wenn es dem fipsigen Hirnartisten auch an Muskelstärke mangelte – das Kämpferherz und den Siegeswillen eines Boxers besaß er allemal, verfolgte er seine literarische Karriere doch mit jener Zielstrebigkeit, die alle Hindernisse und Hemmschwellen ignorierte. Denn was war das wichtigste im Leben? Das wichtigste war, »daß man in Betracht kommt«. So sagte es Samson-Körner, und sein Biograph registrierte es mit dem Lächeln des Auguren.

Die Welt der Boxer hatte für Brecht symbolischen Charakter. Faustkämpfe waren Modelle der wirklichen Auseinandersetzungen, waren mimetische Konflikte, die sein Verständnis von Kunst und Bühne, seine Ästhetik nachhaltig beeinflußten. Das Theater, forderte er, müsse zu einer Art Wettkampfarena werden. »Unser Auge schielt, verbergen wir es nicht, nach diesen ungeheuren Zementtöpfen, gefüllt mit 15 000 Menschen aller Klassen und Gesichtsschnitte, dem klügsten und fairsten Publikum der Welt.« Anders als die arglosen Abonnenten im Parkett wüßten die Besucher der Sportpaläste genau, was sie für ihr Geld verlangen könnten: »nämlich, daß trainierte Leute mit feinstem Verantwortungsgefühl, aber doch so, daß man glauben muß, sie machten es hauptsächlich zu ihrem eigenen Spaß, in der ihnen angenehmsten Weise ihre besonderen Kräfte entfalten«.

Brecht löste seine Forderung nach *mehr gutem Sport* im Theater selbst ein: Für die Uraufführungen seiner *Kleinbürgerhochzeit* und des *Mahagonny*-Songspiels staffierte er die Bühne als Boxring aus, wodurch das theatralische Geschehen in die spannungsgeladene Atmosphäre eines Großkampfabends rückte. Ohnehin stand ja der *Kampf* im Mittelpunkt seiner Kunstanstrengung: Galt das Interesse des frühen Dramatikers noch dem »Kampf an sich«, den individuellen, vor Wildheit und menschlicher Gefräßigkeit zitternden Auseinandersetzungen im *Dickicht der Städte*, so öffnete ihm die Beschäftigung mit ihren sozialen und ökonomischen Voraussetzungen die Augen für den »wirklichen Kampf, der vor sich ging«, den »Klassenkampf«. Und auch diesen, wie er 1928 erklärte, »wichtigsten aller Kämpfe« setzte er wiederholt als Boxduell in Szene. Nicht ohne Ironie gab er in der *Heiligen Johanna der Schlachthöfe* dem Fleischkönig Chicagos den Namen Mauler – nach *Manassa Mauler* alias Jack Dempsey, dessen höllische Hiebkraft bekanntlich noch jedes Seilgeviert in eine Schlächterei verwandelte. Dieserart ließen sich am Boxen die unversöhnlichen Widersprüche des Kapitalismus, die von der bürgerlichen Gesellschaft verdrängten Konflikte zwischen Mächtigen und Ohnmächtigen, Herren und Knechten, Siegern und Besiegten so drastisch wie plastisch demonstrieren. In seiner einfachen Ausdrucksform verbildlichte Boxen die Antagonismen der Welt; es hatte die Eindringlichkeit einer Parabel.

Folgerichtig wehrte sich Brecht gegen zeitgenössische Tendenzen, den Kampfsport zu einem disziplinierten, der Volksgesundheit dienenden »Kulturgut« zu machen. »Ich bin für den Sport, weil und solange er riskant (ungesund), unkultiviert (also nicht gesellschaftsfähig) und Selbstzweck ist.« Ähnlich wie seinerzeit G.B. Shaw entdeckte auch Brecht in Sittenrichtern und Funktionären die eigentlichen Totengräber des Pugilismus. »Boxen zu dem Zweck, den Stuhlgang zu heben, ist kein Sport«, schimpfte er auf die Verschärfung des Punktverfahrens. »Je weiter sich der Boxsport vom K.o. entfernt, desto weniger hat er mit wirklichem Sport zu tun. Ein Boxer, der seinen Gegner nicht niederschlagen kann, hat ihn natürlich nicht besiegt. Sehen Sie sich zwei Männer an einer Straßenecke oder in einem Lokal einen Kampf liefern. Wie stellen Sie sich hierbei einen Punktsieg vor?«

Um so leichter kann man sich vorstellen, was der arme B.B. von boxenden Damen hielt, namentlich von seiner Berufsgenossin Vicki Baum oder den Aktricen Carola Neher und Marlene Dietrich, die sich im Trainingsstudio des türkischen Boxpropheten Sabri Mahir in Hochform bringen ließen. »Härte gegen uns selbst tut not«, propagierte Marieluise Fleißer den *modernen Menschentyp*, der, von Kopf bis

Fuß auf Leistung eingestellt, bei Meistern wie Mahir die Gesetze physischer Trägheit überwinden lernte, um im Wechselspiel von Leibesübung und geistigem Schaffen ein Optimum an Produktivität aus sich herauszuholen. »Dichter sollten boxen!« manifestierte der Erzähler und Kulturphilosoph Frank Thiess in der Berliner Zeitschrift *Uhu*. Der Gelehrte hatte ungeachtet seiner fragilen Konstitution im Gym von Herbert Laeppché die »Schaulust in die Tatlust umgeleitet« und dabei die Erfahrung gemacht, daß Boxen nicht Mozart, Gymnastik nicht Dichtung ausschloß. Vicki Baum schwärmte derweil von der Stunde, als sie es dem von Mahir trainierten Champion und späteren Berliner Kneipier Franz Diener »endlich im Seilspringen gleichzutun vermochte«. Sonach transpirierte jetzt auch die weibliche Kulturpominenz in den Sportsälen, jedoch nicht, wie Brecht spottete, »weil ihre Männer in ihrem erotischen Interesse nachgelassen haben«, sondern weil das Boxfieber die europäische Intelligenzija ohne Unterschied von Rolle, Rang und Renommee infiziert hatte.

Das Keuchen und Ächzen an den Geräten, das Stakkato der Geraden und die klatschenden Schläge auf Leber, Milz und Magen orchestrierten die Melodie einer Körperkultur, die das Künstlertum um so stärker zu magnetisieren schien, je weiter sich die moderne Zivilisation von ihren Ursprüngen entfernte. Der Faustkampf, als eine der »großen mythischen Vergnügungen der Riesenstädte« (Brecht), animierte Belesprits und Überreflektierte scharenweise zu schweißtreibender Nachahmung und beflügelte zugleich die ästhetischen Diskurse.

1921 hatte der Berliner Galerist Alfred Flechtheim den *Querschnitt* begründet, ein *Magazin für Kunst, Literatur und Boxsport*, das zum wichtigsten Forum dieser neuen Verbindung wurde. Programmatisch hatte es in einer der ersten Nummern geheißen: »*Der Querschnitt* hält es für seine Pflicht, den Boxsport auch in deutschen Künstlerkreisen populär zu machen. In Paris sind Braque, Derain, Dufy, Matisse, Picasso, de Vlaminck begeisterte Anhänger, und Rodin fehlt bei kaum einem Kampf.« Die Zeitschrift druckte Selbstdarstellungen von Boxstars neben literarischen Kampfreportagen, kombinierte künstlerische und fotografische Illustrationen mit Reflexionen über die Ästhetik des Boxens. Max Schmeling trug demzufolge Eulen nach Athen, als er in Flechtheims Gästebuch den launigen Zweizeiler schrieb: »Künstler gebt mir Eure Gunst/Boxen ist doch auch 'ne Kunst.« Die Avantguardia hatte längst begriffen, daß der Faustkampf, in dem Kraft, Geist und Erfahrung vereint zum Ausdruck kamen, »eine künstlerische Angelegenheit war, künstlerischer als alle Berliner Theateraufführungen«, wie Flechtheim nach einem Abend im Sportpalast kategorisch verkündete.

Als Schmeling im April 1928 in Berlin gegen Franz Diener um den nationalen Titel aller Klassen antrat, las sich das Inhaltsverzeichnis des offiziellen Programmhefts wie ein *Who's who* der Weimarer Literaturrepublik: Kurt Pinthus, Carl Zuckmayer und Egon Erwin Kisch, der Theaterkritiker Herbert Ihering, Curt Bois und der Komponist Friedrich Hollaender – alle lieferten sie ihre Ansichten zur Boxkunst und erlebten in der rauchigen Arena, wie Paul Samson-Körner als Ringrichter nach fünfzehn mitreißenden Runden einen erschöpften, aber lächelnden Schmeling zum Sieger nach Punkten erklärte.

Von den Massen bestaunt und umjubelt, erhob ihn die Muse zum Idealtypus der Zeit: Der Bildhauer Rudolf Belling formte nach dem Paradeathleten seinen *Männlichen Torso*, im Atelier von Renée Sintenis stand er Modell, und bei George Grosz sah Schmeling sich nicht nur glänzend getroffen, sondern auch richtig verstanden. »Boxer und Maler«, meinte der Porträtist, »müssen einen Unbekannten, einen ihnen fremd gegenübertretenden Menschen auf den ersten Blick taxieren können. Was ist das für ein Mann, wie sieht sein Leben aus, was mag er für einen Charakter haben? Ich muß ein Bild geben können, Sie müssen seine Kampfesweise voraussehen oder doch einschätzen können.«

Tatsächlich mußte der Boxer eine genaue Vorstellung von seinem Gegner entwickeln, mußte ihn beobachten, wie er sich bewegt, welchen Stil er boxt, was sein Gesicht verrät, um den Kampf entsprechend aufzubauen. Spätestens nach den Anfangsrunden mußte er im Bilde sein – und sich notfalls blitzgeschwind umstellen können. Die Intelligenz nämlich, so erklärte der Champion Grosz die Theorie des Boxens, sei auch im Ring das eigentlich Ausschlaggebende. Mit Taktik und flexibler Strategie könne ein physisch unterlegener Faustkämpfer selbst einen Koloß in die Knie zwingen.

»I have seen something!« murmelte Schmeling vor dem größten Kampf seiner Laufbahn sibyllinisch in die Mikrophone der Journalisten. Joe Louis, das schwarze Boxwunder, galt nach seiner grandiosen Knockout-Serie als unschlagbar. Nichtsdestoweniger: »I have seen something!« Am Abend des 19. Juni 1936, im überfüllten Yankee-Stadion von New York City, sollte die Sportwelt erfahren, was der deutsche Herausforderer gesehen hatte: Es war diese kleine Blöße in Louis' linker Deckung, durch die Schmelings präzise, gerade herausgestochene Rechte an die Kinnspitze des 16:1-Favoriten knallte und ihm damit reflektorisch das zerebrale Nervensystem ausknipste. Es war die Nacht, als ein Koloß zu Boden ging – und für die schwarze Bevölkerung Amerikas eine Welt zusammenbrach. Das auf tausend Jahre avisierte Reich der Finsternis indes hatte seinen strahlenden Volkshelden, hatte *Maxe, unser bestes Stück*. Denn mit einem Boxweltmeister, keine Frage, war in Deutschland jetzt Staat zu machen.

»Würde unsere gesamte Oberschicht einst nicht so ausschließlich in vornehmen Anstandslehren erzogen worden

sein, hätte sie an Stelle dessen durchgehends Boxen gelernt, so wäre eine deutsche Revolution von Zuhältern, Deserteuren und ähnlichem Gesindel niemals möglich gewesen...«
So böswillig und gründlich konnte die noble Boxkunst nur mißverstehen, wer den Sport nie anders begreifen wollte denn als Mittel zu propagandistischen und kriegerischen Zwecken. Der Verfasser dieser Zeilen war der verhinderte Kunstmaler Adolf Hitler, der bereits Mitte der zwanziger Jahre als Buchautor ohne Leser, aber mit nachmals staatlich garantierten Millionenauflagen, seine *Kampf*-Parolen ausgegeben hatte und dabei ausdrücklich Boxen sagte, wenn er Wehrertüchtigung meinte: »Es gibt keinen Sport, der wie dieser den Angriffsgeist in gleichem Maße fördert, blitzschnelle Entschlußkraft verlangt, den Körper zu stählerner Geschmeidigkeit erzieht.« Folglich plädierte Hitler für die Einführung des Boxunterrichts an den Schulen, hofierte Schmeling als teutonischen Musterknaben und okkupierte das Podest im Berliner Sportpalast zur Inszenierung seiner fanatischen Hetzreden, die auf den Rängen nun ganz andere Delirien auslösten als vordem die Auftritte der Agonisten.

Passé war damit die Blüte des Boxsports in Deutschland. Das *Goldene Jahrzehnt*, das den Faustkampf als eine eigene Kunstform geadelt hatte und in seinen ästhetischen Qualitäten zu goutieren wußte, nahm unter der braunen Diktatur schon bald den Sepiaton der Nostalgie an. Und wenn es noch eines symbolischen Ereignisses für den Niedergang der hiesigen Faustkampfkultur bedurft hätte, dann waren es die 124 Sekunden, die Joe Louis ausreichten, um beim Rückkampf im Sommer 1938 den Widersacher aus Germany demonstrativ in den Ringstaub zu schicken.

Nächst Berlin wurde die Lichterstadt Paris zur großen Bühne des Boxsports, wo damals der funkelnde Stern eines anderen, nicht weniger begnadeten schwarzen Faustfechters aufging: *Panama* Al Brown. Aus den Slums von Colón am

Panamakanal war der gerade mal 51 Kilogramm wiegende Pugilist via New York nach Europa gekommen und Weltmeister im Bantamgewicht geworden (benannt nach dem indischen Bantamhuhn). Auch *Panama* schlug seine Haken mit eminenter Wucht und Zielgenauigkeit, zuvörderst aber verzückte er durch die Eleganz seiner agilen Bewegungen, durch eine Virtuosität und tänzerische Leichtigkeit, die seinen Siegen den Glanz des Spielerischen verliehen. Voyeure kamen dabei naturgemäß nur in Ausnahmefällen auf ihre Kosten. Ein Stilist wie Brown strafte seine Gegner ohne Blutvergießen, er fintierte sie schwindelig und manövrierte sie aus, kurz und schmerzlos, mit seiner schnellen, ruhmreichen Rechten. Bei einigen Kontrahenten, wie dem Engländer Frankie Ash, zeigte sie freilich derart Wirkung, daß sie später nie wieder in den Ring gestiegen sind.

Al Brown indessen, der umschwärmte Liebling der Pariser Schickeria, ließ sich seine Siege vergolden und lebte, exzessiv von Natur aus, auf großem Fuß: Pferderennen, Autos, Amüsements, die Klammeräffchen des Ruhms und rauschende Parties. Alle Tage war Silvester und der Champagnerkonsum entsprechend. So boxte der Parvenü, der seine Hemden zum Bügeln nach London schickte und nur in den feinsten Häusern logierte, bald gegen die Hydra seiner Verschwendungssucht – immer schneller durch die Kampfsäle der Welt gehetzt und dabei skrupellos ausgenutzt von Veranstaltern, Managern und Parasiten, so lange, bis am Ende nur ein wachsendes Sortiment verbotener Substanzen sein Talent noch wachhielt. Am 1. Juni 1935 verlor er, von Alkohol und Aufputschmitteln geschwächt, in Valencia gegen den spanischen Titelaspiranten Balthazar Sangchili klar nach Punkten – und in der Folgezeit die Freude an der Trophäenjagd. Dem sportlichen Sensationskäfig entflohen, verirrte sich der Boxsklave in die Lasterhöhlen der Lustknaben und Drogenesser, wo er bald sektselig, bald opiumsüchtig den exotischen Witzbold mimte.

»Ich habe Al Brown im *Caprice viennois* kennengelernt, wo er die Band dirigierte und seilsprang. Der Anblick allein genügte, mir klarzumachen, daß Brown funkelte, daß ein Stern über ihm leuchtete, daß er einzigartig war, daß er in Montmartre ohne jede Frage die Rolle eines schwarzen Diamanten in einem Müllhaufen spielte. Wie hatte er so tief sinken können?« Also sinnierte ein Pariser Nachtschwärmer, dessen schwächliche Erscheinung gleicherweise den Snob wie die Tunte verriet, ein Paradiesvogel, der sich selbst für »ein bürgerliches Ungeheuer« hielt. Denn was auf *Panama* zutraf, charakterisierte auch ihn: Er war süchtig, er war schwul, und er war genial. Sein Name: Jean Cocteau.

Von der Pugilistik verstand der Musenstar nicht viel, um so mehr begriff er den Höllensturz, den der schöne schwarze Prinz mit seinen komischen Jazzeinlagen so kläglich zu überspielen suchte. Cocteau sollte in dieser Tragödie der rettende Engel werden. Indem er einsah, daß ein Boxer vom Schlage Al Browns nicht ins Tingeltangel gehörte, sondern auf die Bretter, die die Welt bewegen, faßte er den Entschluß, *Panama* unter seine Fittiche zu nehmen und ihn wieder hinauf ins Jupiterlicht der Sportarenen zu führen. Ein poetisches Unternehmen, für das der Universalartist tüchtig Reklame machte, während seine Gönnerin, die Mode- und Parfümschöpferin Coco Chanel, generös das Portemonnaie aufhielt. Erst finanzierte sie die Entgiftungskur, sodann das schweißtriefende Aufbautraining, zu dem sich der Ex-Champ einen harten, einsamen Sommer lang aufs Land zurückzog. Die luxuriösen Pariser Salons dampften derweil vor Klatsch: Cocteau und der Negerboxer! *Vraiment*, ein ungleiches, ein kurioses Gespann, das sich jedoch hervorragend ergänzte. »Im Bereich des Boxens und in dem der Literatur sprechen wir die gleiche Sprache. Wir wenden an, was die Menge *die gleichen Tricks* nennen würde«, erkannte sich der Papiergewichtler in den Finten seines Schützlings wieder, der seinerseits den Konnex der

Künste beschwor, wenn er Cocteau erklärte: »Ein Boxer tanzt. Noch in den Pausen stellt er sein Tempo zur Schau und tanzt zwischen den Seilen. Ein Boxer ist Tänzer, und er ist Psychologe.«

Brown war mittlerweile fünfunddreißig, als er nach zweijähriger Pause in den Ring zurückkehrte und ein imposantes Comeback feierte. Nachdem er eine Reihe von minder begabten Rivalen mühelos in den Tiefschlaf versetzt hatte, kam es am 4. März 1938 im Palais des Sports zur Revanche mit Sangchili. 20 000 Menschen waren herbeigeströmt, um dem Kräftemessen beizuwohnen, unter ihnen zahlreiche Berühmtheiten des Pariser Kulturlebens. Wie damals, zu Beginn der Dekade, als *Panama* zugunsten einer Afrika-Expedition des *Musée de l'Homme* antrat und in den ersten Rängen im Cirque d'Hiver Zelebritäten wie Michel Leiris, Marcel Griaule und Georges Bataille saßen. Diesmal hielten Cocteau und sein junger Begleiter Jean Marais mitsamt Gefolge die Ehrenplätze am Seilviereck, und was sie an diesem Abend erlebten, war ein dramatischer Dialog zweier großartiger Athleten, eine Box-Performance über fünfzehn herzabschnürende Runden, an deren Ende sich *Panama* mit einem knappen Punktsieg den Titel zurückholte.

Noch einmal hatte der Prinz seinen Sternenstaub verstreut. Doch jetzt, so meinte Cocteau, sei der Zeitpunkt gekommen, die Hanfstricke hinter sich zu lassen. In einem offenen Brief im *Paris-Soir* forderte er den Champion auf: »Tu es nicht den Stars gleich, die nicht abtreten können und sich anklammern. Gib der Welt nach dieser wunderbaren Revanche das Beispiel eines Mannes, der den Jungen Platz macht ... Ein Dichter wollte einen Boxer wieder zum Weltmeister machen. Wieder Weltmeister, ist das Unternehmen abgeschlossen.«

Nach einem letzten erfolgreichen Kampf, mit dem er beweisen wollte, daß sein Titelgewinn keine Eintagsfliege war, befolgte Brown den Rat des Schriftstellers und trat von der

Bühne ab. Allerdings begann damit kein zweites Leben, sondern ein langes, über dreizehn Jahre sich hinziehendes Sterben. Während sein geistsprühender Engel in den Himmel der Dichtkunst entschwebte, fuhr *Panama* zur Hölle. Seine Bemühungen, als schattenboxender Varietékünstler Fuß zu fassen, scheiterten ebenso wie seine Versuche als Nachtclubbesitzer. Treu blieb ihm nur das Pech. Und seine Gier nach den Giften.

Von Opiomanie und Syphilis gezeichnet, ging er kurz vor dem Weltkrieg zurück nach New York, um sich in Harlem für ein paar Sparringsdollar das Gesicht blutig schlagen zu lassen. Zum Schluß, von der Welt längst vergessen, verdingte sich der einst so filigranit fightende Boxpoet als Pusher und Tellerwäscher, verlor beim Lotteriespiel sein letztes Hemd und starb am 11. April 1951 im Armenspital von Staten Island an Schwindsucht, 49 Jahre alt. Drei Zechbrüder zogen mit seinem Holzsarg durch die Straßen Harlems und sammelten Geldspenden für das Begräbnis. Eine ehrbare Geste der Barmherzigkeit, wenn sie die Almosen nicht an der nächstbesten Theke versoffen hätten.

»Selbst als Toter produzierte Alfonso noch ein paar Dollar«, resümiert der spanische Maler Eduardo Arroyo das traurige Schicksal des Boxers. Nach langwierigen Recherchen veröffentlichte Arroyo Anfang der achtziger Jahre eine Biographie über Al Brown, den *pugiliste maudit*, der in so brillanter Manier gezeigt hatte, »wie die Boxkunst und die große Kunst verschmelzen können«, und der gemessen an seiner Fallhöhe zu einer Chiffre für »unabänderliche Einsamkeit« wurde.

Wie kam ein Maler dazu, Leben und Scheitern eines Boxers aufzuschreiben? Auch im Bereich der Malerei, erklärte Arroyo in einem Interview, hätte sein Interesse seit je den Verlierern gegolten, den Künstlern, »die von ihren Leinwänden besiegt werden. Die Sicheren interessieren mich nicht. Picabia ist oft k.o. gegangen. Picasso und Derain auch.« In den Kämpfen der Boxer erkannte der Bildende sich wieder, weshalb er die Leinwand des Malers mit dem illuminierten Viereck des Rings verglich: »An diesem Ort kann alles geschehen, muß alles geschehen. Etwa so wie in einem Bild. Es gibt Dramen, Freude, Schmerz, die Leute, die zu Boden gehen, Überraschung, das feuchte Handtuch, das geworfen wird, Wasser, Harz, Blut ... Im Ring wird ständig dick aufgetragen.«

Geist und Tat. Der Dichter Jean Cocteau, der ausschließlich seinen »Geist muskulös haben« wollte, verliebte sich in die Poesie des Faustfechtens; das schwarze Bantamgenie Al Brown figurierte als ein Nijinski im Ring, und den schreibenden Maler Arroyo, der mit ethnologischem Blick die Riten des Boxens erforschte, faszinierten Symbolik und Tragik. So durchdrangen sich in der Manege der Moderne die schönen Künste gegenseitig. Denn seitdem die Avantgarden auf den alten Musenkanon pfiffen und nach den Bedingungen unserer irdischen Existenz fragten, waren die Grenzen zwischen Salon und Straße, Kunst und Leben offen. Nicht das abgeschlossene Werk, sondern der schöpferische Impetus, nicht die Moral, sondern die Eleganz einer Tat wurden zu Kriterien künstlerischer Individualität. Folglich konnte auch die ausgefallene Faustschrift eines Boxers die höheren Weihen des Kunstschönen erhalten.

Box-Künstler

> »In der ersten Runde beobachtete sie, wie diese Augen seinen Gegner, einen Kubaner namens Chico Chavez, der kleiner und muskulöser war, mit beinahe hypnotischer Konzentration verfolgten. Und in den weiteren Runden vergaß sie, daß sie einen Menschen sah, der taumelte und blutete unter der Schlagwirkung dieser langen Arme, die blitzartig durch die Deckung des Kubaners stießen, so leicht und komplex wie die Finger eines Pianisten auf den Tasten eines Konzertflügels…«
>
> Robert Lowry, *Tag, Fremder*

In seinen besten Momenten ist Boxen wie Ballett: die radikale Körpersprache zweier athletischer, sich verausgabender Tänzer, die nach einer bestimmten Choreographie aufeinander bezogen sind. Denn ob jemand Links- oder Rechtsausleger ist, auf der Außen- oder Innenbahn boxt, wie einer fintiert oder blockt, auspendelt und abduckt – die Bewegungsabläufe eines Boxers folgen einem komplexen Muster, dessen Beherrschung ein Höchstmaß an Stehvermögen und Konzentration erfordert. »In allen schönen Künsten«, lehrt uns Kant in seiner *Kritik der Urteilskraft*, »besteht das Wesentliche in der Form.« Der Box-Künstler verkörpert sie. Er *ist* Form. Seine körperlichen Aktionen haben Rhythmus und Charakter – je eigenwilliger, desto ausdrucksvoller.

Inspizieren wir also das Kunstgeschick der Boxer, welches nach Maßgabe von Kampftechnik und Individualstil, von Aura und Größenwahn, zumal in der zweiten Hälfte unseres Jahrhunderts, etliche Originalgenies hervorgebracht hat. Mehr als jede andere Sportart lebt das Faustfechten von Persönlichkeiten, von den Legenden, die aufgrund ihrer sportlichen Meriten und ihres Charismas in die *Hall of Fame* gewählt werden, das Pantheon des Pugilismus, das im 5 000-Seelen-Dorf Canastota/New York Boxpilger aus aller Herren (und Damen) Länder anzieht. In diesem Ruhmestempel wird gleichsam antikisch jenen Wettstreitern gehuldigt, die mit ihren 10- oder 12-Unzen-Fäustlingen bezeugt haben, daß die Pugilistik, wie es Georges Carpentier, der *Orchideenboxer*, einmal formulierte, »wirklich eine Kunst« ist, eine Kunst, »die zu einem ganz hervorragenden Höhepunkt gebracht werden kann«.

Einer, dem dies epochal gelang, war der dunkelhäutige Walker Smith, der aus den Verliererstraßen von Detroit kam und in den vierziger und fünfziger Jahren unter seinem Künstlernamen *Sugar* Ray Robinson (weil er angeblich »so süß wie Zucker« boxte) die Weltmeistergürtel im Welter- und Mittelgewicht errang. Dieser langbeinige Ringtänzer mit dem glatten, narbenlosen Gesicht hat das Boxen neu erfunden und wie ein Magier zelebriert. Wo immer ihn die Mikrophonstimme eines Veranstalters ankündigte, wo immer der weiße Lichtstab durch das Dunkel einer vollbesetzten Arena schwebte und sich unter Fanfarenstößen an den Kabineneingang heftete: Wenn der schattenboxende Champion in seiner goldbestickten Satinkutte Einzug hielt, begann kein Kampfabend, sondern eine Galavorstellung. Die Eleganz seiner Ringauftritte, seine geschmeidigen Bewegungen, die wonnige Wucht seiner Cross-Treffer machten den früheren Streetdancer zu einem Athleten, der das Schlaggefecht in vormals nie gesehener Vollendung demonstrierte.

Dabei strahlte seine Wirkungskraft weit über das Seilquadrat hinaus. Robinson war der erste Profiboxer, der sich konsequent zum Künstler stilisierte. Seine Karriere glich einer unaufhörlichen Nummernrevue, in der er wechselweise als Sportidol, Tänzer, Sänger und Filmdarsteller vor das Publikum trat. Auf seinen ausgedehnten Tourneen – wir erinnern an die Tradition der fahrenden Faustkämpfer im alten England – reiste er stets mit großem Gefolge. Friseur, Maniküre und Koch gehörten ebenso dazu wie Trainer, Sparringspartner und Claqueure – eine närrische Entourage, die allerorts für Volksfeststimmung sorgte.

Nach seinem Gastspiel in Paris fragten Reporter den schwarzen Fighter, ob er in die Night-Clubs gekommen sei. »Die Night-Clubs sind zu mir gekommen«, versicherte der Champ im launigen Ton des Souveräns. Wiederholt wurde Robinson mit der Feststellung zitiert, daß ihn Gewalt immer angewidert habe. Weshalb er im Ring wohl auch stets die schnellste aller möglichen Entscheidungen suchte: *Sugar* wollte seinem Gegner erst gar keine Gelegenheit geben, »länger zwischen den Seilen zu bleiben, als für ihn gut sein könnte«.

Und wie er diesen Vorsatz ein ums andere Mal in die Tat umsetzte, es wirkte nie angestrengt oder mutwillig, sondern behende, leicht und formvollendet. Die Ästhetik seines Boxstils verwandelte das Kampfpodest in eine Zone des Zaubers. Wo Blut, Schweiß und Rotz flossen, wo die Furien der Grausamkeit tobten, sollten Grazie und Schönheit herrschen. Denn wie sprach Nietzsches *Zarathustra*: »Der große Stil entsteht, wenn das Schöne den Sieg über das Ungeheure davonträgt.«

In insgesamt 202 Begegnungen trug ihn Robinson 175mal davon – ein nach heutigen Maßstäben schier unglaublicher Kampfrekord. Während seiner fast dreißigjährigen Laufbahn gewann er 110 Gefechte vorzeitig, nur sechsmal wurde er geschlagen. Dabei kamen ihm so versierte Fighter wie Emil Griffith und Dick Tiger vor die Fäuste. Oder Marcel Cerdan, das französische Mittelgewichts-As, das nachmals an der Seite von Edith Piaf durch die Blitzlichtgewitter der Paparazzi schritt, ein Liebesglück, das mit dem Flugzeugabsturz des Boxers jäh zerstört wurde.

Unvergessene Kämpfe lieferte sich Robinson mit Jake LaMotta und Rocky Graziano, den beiden Italo-Amerikanern, die sich aus der New Yorker Besserungsanstalt kannten, wo sie mangels Schießprügel gelernt hatten, die Fäuste zu gebrauchen. Als zornige junge Puncher sollten sie später den Madison Square Garden erobern. Es war die Zeit, als das amerikanische Boxgeschäft in der Unterwelt abgewickelt wurde und Gangsterbosse wie Blinky Palermo und Frankie Carbo über die Zusammensetzung von Ringgremien und Ranglisten wachten.

Jake LaMotta, der elf Jahre lang in dem irrtümlichen Glauben lebte, bei einem Raubüberfall einen Mann getötet zu haben, und aus dieser Gewissensnot heraus mit dem Bußeifer eines Flagellanten durch das Purgatorium der Hiebe und Haken ging, LaMotta wußte nur den Allmächtigen über sich und die Cosa Nostra, so daß er praktisch immer die richtigen Leute kannte, um ganz nach oben zu kommen. Freilich auch mal zu Boden ging, wenn das so abgesprochen war. Bei seiner fürchterlichen Niederlage gegen Robinson im Februar 1951, die als die *Bluthochzeit von Chicago* in die Boxsportannalen einging, gab ihm kein Gott und auch kein Syndikat zu sagen, was er litt. Kampfunfähig, wiewohl die Aufgabe verweigernd, prasselte Robinsons Schlaghagel bis in Runde 13 auf ihn nieder, bis der Ringrichter endlich ein Einsehen hatte und den blicklos taumelnden Weltmeister als Verlierer in die Ecke schickte.

Mit ähnlicher Aggressivität wie der *Bulle aus der Bronx*, für den es hernach beruflich wie privat abrupt bergab ging, betrieb das Einwandereridol Rocky Graziano sein blutiges Faustwerk. Im Wettkampf verfolgte dieser Wildling, der den Machismo in seiner reinsten Form inkarnierte, nur ein Ziel: »meinen Gegner notfalls auch zu ermorden«. Nichts, weder Scham noch Schmerz, konnte ihn dabei aufhalten. Doch ausgerechnet er, der brutale, unberechenbare, mit allen Rauheiten des Rings vertraute Schlagetot enthüllte dem Publikum zugleich die Paradoxien des männlichen Refugiums. Kaum war der letzte Gong verklungen, offenbarte er den Blicken der Menge das Tiefste, was eine Boxerseele besitzt – die Zärtlichkeit, die sie für ihren Rivalen empfindet. Graziano pflegte seine Gegner nach dem Kampf zu küssen. Er umarmte und er küßte sie. So als hätte sich im Verlauf der animalischen Auseinandersetzung, irgendwo auf der Schwelle zwischen Clinch und Todesnähe, das Gefühl eines fatalen Miteinanders eingestellt, die Erkenntnis einer gemeinsamen Verdammnis, aus der jene Sympathie zu erwachsen schien, die nach dem erlösenden Schlußgong in der brüderlichen Umarmung ihren intimsten und gleichzeitig unbefangensten Ausdruck fand. Dankbarkeit, Respekt und Zuneigung lagen in dieser menschlichen Geste, als hätte es tatsächlich erst der leidenschaftlichen Tortur und einer bis zum Äußersten getriebenen Rivalität bedurft, um den Panzer der Isolation zu durchbrechen und sich füreinander zu öffnen. Wäre es demnach denkbar, daß der eigentliche Reiz dieses brachialen Kampfspiels gar nicht in der Vernichtung, sondern in der Verständigung liegt?

Wenn es das Wesen der Leidenschaft ist, die unerträgliche »Diskontinuität« der voneinander getrennt existierenden Individuen durch »eine wunderbare Kontinuität zwischen zwei Wesen« zu ersetzen, wie Bataille schreibt, dann dürfte zweifellos auch die Passion des Boxens wesentlich durch die Aussicht auf Entgrenzung, lies: *Kommunikation* motiviert sein – jene genuine, wortlose Form der Verständigung, wie sie eben nur in den Momenten des Außer-sich-Seins gelingen kann: »Die ›Kommunikation‹ findet nur *zwischen zwei aufs Spiel gesetzten Wesen* statt – zerrissen in der Schwebe, beide über ihr Nichts gebeugt.«

Ray Robinson *tanzte* über dem Nichts – »wie eine Vision von Mut und Schönheit im Angesicht des Todes«. So erschien es dem amerikanischen Romancier Robert Lowry, der sich von *Sugars* Titelfight gegen LaMotta zu seinem Meisterwerk *The Violent Wedding* (*Tag, Fremder*) inspirieren ließ. Erzählt wird die kurze, düstere Liebesgeschichte zwischen dem schwarzen Boxer Paris *Baby* James und der weißen Malerin Laine Brendan. Es ist ein Roman so sehr über das Boxen wie über das Leben, über die Magie und den Wahnsinn in einer Welt ohne Erlösung. Fasziniert von der wilden Anmut, mit der James seinen Kampf austrägt, begreift die Geliebte am Ring, »daß man nur schön und tapfer und *im Recht* sein kann, wenn man sich ganz auf das Leben einläßt – wenn man den Tod auf Distanz hält. Es kommt nicht darauf an, wie grausam das Leben ist – nicht mal, was für schreckliche Dinge man tun muß, um über die Runden zu kommen. Das Entscheidende ist, daß man lebt, und zwar mit soviel Stil wie möglich...«

Mit soviel Stil wie *Baby* James, dessen Job es war, Leute in Schwierigkeiten zu bringen, und der dies mit einer solchen Resolutheit und einem so unbändigen Ehrgeiz tat, wie es alle taten, die aus Ghetto, Gosse oder Gewahrsam kamen und gegen die Chancenlosigkeit ihres Schicksals kämpften.

Daß die Karrieren im Boxsport schon immer die Abkürzung durch den Dschungel der Armut waren, auch für diese Erkenntnis fand der Romanautor in Robinson sein authentisches Vorbild. *Sugar* wuchs auf der Schattenseite des Lebens auf und wurde die Lichtgestalt der schwarzen Nachkriegsjugend Amerikas, eine Galionsfigur für die Desperados und Gedemütigten da unten im Dreck, die davon träumten, so zu werden wie er: ein Weltmeister, der das Geld mit vollen Händen zum Fenster hinausschmiß und sich dank seiner geballten Faustkraft in die Unsterblichkeit absetzte.

Derweil verdanken die grimmigen Kampfmaschinen Jake LaMotta und Rocky Graziano ihren Nachruhm zuvörderst dem Kino, das seit den Tagen, da die Bilder laufen lernten, dem Boxen allein in den USA über 400 Produktionen widmete, mehr als jeder anderen Sportart. Grazianos Laufbahn lieferte bereits 1956 den Stoff für eine Verfilmung: *Somebody Up There Likes Me*. In dieser optimistischen Parabel vom amerikanischen Traum spielte der junge Paul Newman seine erste große Rolle. Zwei Dekaden später verwandelte sich Robert De Niro in den boxenden Alptraum, in Jake LaMotta, nach dessen Autobiographie Martin Scorsese sein Leinwanddrama gleichen Titels drehte: *Raging Bull*, den Film über Aufstieg und Triumph eines Champions, der im tiefen Fall erst seinen Titel, dann Beruf und Familie und zuletzt sein Gesicht verliert. LaMotta als Kinofigur, das ist die bebilderte Tragödie des Boxers, der von seiner Leidenschaft zurück ins Nichts gestoßen wird.

Ein Faustkämpfer muß nicht unbedingt Weltmeister werden, folglich zu den Großen seiner Zunft gehören, um als großer Box-*Künstler* zu gelten. In der buntschillernden Welt der Kampfabende, in der sich die Demimonde des Milieus mit der Glitzerwelt der Stars und Starlets mischt, vermag eben auch derjenige Athlet die Blicke anzuziehen, der bei seinem Auftritt mehr zeigt als guten Sport.

Beim Boxen kommt es auch auf »die Kunst der Selbstinszenierung« an, bekundet Bubi Scholz, das deutsche Nachkriegsidol, das vom Leben ausgezählt wurde. Ihm sei der Augenblick, »wenn man heraus war aus der *Zelle*«, wie er die Kabine in der letzten Stunde vor dem Fight stets empfunden und genannt hat, »immer wie der Beginn einer Show vorgekommen. In Film- und Fernseh-Studios ist das genauso, wenn es endlich heißt: ›Achtung, Aufnahme!‹ Nur, daß vor den Kameras das Drehbuch festliegt: da ist man der Gute oder der Böse, die Schöne oder die Intrigante. Beim Boxen dagegen hat man noch eine Minute oder weniger zum Ring, und keiner weiß so richtig: Bist du Held, oder bist du Opfer, gehst du diese albernen paar Meter zurück als Star mit der sonnigen Zukunft oder als Arbeitsloser?«

Schauspielerisches Talent freilich wird man einem Konterboxer wie Bubi Scholz nur bedingt attestieren wollen. Seine Begabung profitierte von der Improvisationskunst des Jazz, dem rhythmisch variablen Spiel eines Lionel Hampton oder Duke Ellington, die er auf ihren Sessions in Berlin erlebte und ob des souveränen Umgangs mit ihren Instrumenten bewunderte. »So wie sie, dachte ich manchmal, müßte man im Boxring arbeiten: Improvisieren und doch – alles beherrschen!« Mit seinem an amerikanischen Boxweisen geschulten und sich individuell herausbildenden Scholz-Stil holte sich der Arbeiterjunge vom Prenzlauer Berg den Lorbeerkranz eines Europameisters im Mittel- und Halbschwergewicht. Als ein Darsteller seiner selbst freilich glänzte er kaum.

Jede Epoche bringt die Boxerpersönlichkeiten hervor, die sie phänomenal repräsentieren. Spiegelten sich in Jack Dempsey die *Wilden Zwanziger*, so standen Joe Louis und Max Schmeling für die ideologischen Fronten der Dreißiger. Die Generation, die aus dem Krieg kam, identifizierte sich mit dem Kapital aus seinem Körper schlagenden Aufsteigertypus à la *Rocky*, der hierzulande *Bubi* hieß.

Einzig der Showman Robinson war seiner Zeit voraus; denn die Ära der Inszenierungskünstler und Gefühlsathletiker begann im Grunde erst mit den Sechzigern, als Boxen telegen wurde und die Gladiatoren *live* ins Bild rückten. Das Faustduell lieferte die Sequenzen, die das neue Medium brauchte, denn was wäre Fernsehen ohne Action und Helden. Synchron mit der wachsenden Televisionseuphorie – und dies wohl nicht zufällig – wurde auch das ästhetisch in die Defensive geratene Sprechtheater von der Präsenz des Physischen erfaßt. Von jenem Körpertheater, das sich mit dem Namen Antonin Artaud und seiner Theorie der Grausamkeit verbindet. Er hatte die Vision eines Schauspiels, »in dem körperliche, gewaltsame Bilder die Sensibilität des Zuschauers, der im Theater wie in einem Wirbelsturm höherer Kräfte gefangen ist, zermalmen und hypnotisieren«.

Den idealen Darsteller für sein Herz und Nerven wachrüttelndes Theater hätte Artaud in dem gelernten Schlachter Norbert Grupe gefunden: ein »Athlet des Herzens«, dessen Kopf sich auf den Solarplexus stützte. Grupe war nie ein strahlender Champ. Dafür aber ein Prinz von eigenen Gnaden und als solcher ein Meister in der Kunst der Selbstinszenierung.

Zu Höherem berufen denn zum Knochenhauen, begann der gebürtige Hamburger seine Bühnenkarriere in den USA – als Catcher. Gemeinsam mit seinem Vater Richard, der nach dem Krieg unter dem Pseudonym *König Richard* mit einiger Fortune im Schwergewicht geboxt hatte, trat er als *Wilhelm Prinz von Homburg* in den Catcherzelten von Oklahoma bis hinunter ins Mississippi-Delta auf, wobei sich die beiden Hoheiten strikt an ihre vertraglich fixierten Rollen hielten: zwei finstere Teutonen aus dem Reich des Bösen; der König in schwarzer Strumpfhose und mit gezwirbeltem Schnurrbart, sein blonder Prinz mit dem Reichsadler auf der Seidenjacke und mit einem Monokel im Auge. In nämlicher Kostümierung reizte das Prügelduo den johlenden Mob bis aufs Blut, wissend, daß in diesem Schlachthaus der Phantasie die Haß und Hysterie auf sich ziehenden Buhmänner die gleiche Gage kassierten wie ihre kolossalen Racheengel.

Heinrich Wilhelm August Baron von Stumme, halb von Gottes, halb von eigenen Gnaden, in jedem Falle ein rüstiger Mittsiebziger, der sich in Los Angeles als Promoter mit habituellem Hang zu pompösen Pleiten hervorgetan hatte, lockte den austrainierten Königssohn ins Boxbusineß. Eine Investition, die sich amortisieren sollte, denn unter dem strafenden Punch des Prinzen kollabierten die Konkurrenten gleich reihenweise. Und weil der Komödiant es gewohnt war, den Berserker zu spielen, geriet er bald nicht nur vermöge seiner frappierenden Knockouts in die Schlagzeilen, sondern eben auch als jener Selbstdarsteller, der in seiner quecksilbrigen Mischung von *Bad Boy* und Bajazzo das Publikum einesteils in Bann schlug, andererseits auf die Palme brachte. War er also nicht wirklich der geborene Schauspieler? Die Antwort kam aus Hollywood.

In der Illusionsfabrik wurden so wohlgeformte und verwegene Naturtalente wie Wilhelm von Homburg gebraucht. Gab man ihm anfangs nur Die-Pferde-sind-gesattelt-Rollen, durfte er wenig später schon, neben Marlon Brando, in *Morituri* den Gefangenenaufstand anzetteln. Dieserart mimte er Schurken, Schufte und Schläger quer durch drei Dutzend Kino- und Fernsehfilme, bevor er schließlich im Schlepptau seines Managers Baron von Stumme nach Deutschland zurückkehrte, um auch hier, wie er den Reportern sagte, gute Faustarbeit zu verrichten. Gegen wen er antreten wolle, wurde der langmähnige, in Leopardenfellmantel und Schlangenstiefeln nicht eben landesüblich gewandete Prinz gefragt. »Ich boxe jeden und verliere nie.« Und seine Trainingsmethoden? Wie viele Stunden am Tag? »Ich trainiere dann, wenn ich mich danach fühle.«

Bei seinem Debüt im Mai 1964 gegen den Schwergewichtler Uli Ritter fühlte er sich in Hochform und nach überlegenem Kampf auch als der sichere Sieger. Doch belehrte ihn die Realität seines zuverlässig windigen Gewerbes eines Schlechteren. Anderntags ging ein Pressephoto um die Welt, das einen vor dem Ringrichter auf die Knie gefallenen und mit seinen bandagierten Fäusten um Gerechtigkeit flehenden Boxer zeigt, den man ob seiner noblen Haltung nun tatsächlich für den *Prinzen von Homburg* ansehen mußte: »Wie könnt er doch vor diesen Tisch mich laden, / Von Richtern, herzlos, die den Eulen gleichen...«

Der exaltierten Ringshow des Box-Beatle, der die Gegner mehr durch Faxen als durch Finten in Verlegenheit brachte, der majestätisch wie ein Gockel durch das Seilgeviert stolzierte und jeden Zuruf aus der Menge mit einem verbalen Jab parierte, konnten seine Landsleute nur wenig abgewinnen. Ebensowenig wie den Knalleffekten seiner beherzten, auf Risiko setzenden Angriffsstrategie. Zu Grupe-Abenden ging man, um das großmäulige Bühnentier verlieren zu sehen – eine Rolle, die der Outcast kannte. Und die zu spielen ihm kaum noch Mühe abverlangte, seitdem er auch außerhalb des Boxrings den wilden Mann markierte. Auf der Autobahn bei Hannover beispielsweise, wo er zwei Lastwagenfahrer zur Vollbremsung zwang und anschließend krankenhausreif schlug. »Aus Notwehr«, wie er öffentlich beteuerte. Denn wenn es mit dem Sport nicht mehr hinhaue, wolle er Dichter werden. Sein großes Vorbild sei Erich Kästner.

Nennen wir den Dichter, mit Cocteau, einen Lügner, der versucht, die Wahrheit zu sagen, dann war der späterhin x-mal vorbestrafte und noch häufiger arretierte Reeperbahn-Norbert, dessen Freudenpalais seinen zugkräftigen Namen *Zum Prinzen* trug, ja am Ende vielleicht wirklich eine Art Dichter geworden: ein Wort- und Faustschriftsteller, dessen Lebenswerk in Presseberichten, Polizeiakten und Prozeßordnern wucherte, folglich eine ungeschminkte Gesellschaftsreportage über jene Jahre ergab, da der hiesige Boxbetrieb zunehmend nach Schiebung, Blut und billigen Parfüms roch.

Unbestritten hat Prinz von Homburg ein kleines, großartiges Stück Fernsehgeschichte geschrieben. Im Juni 1969, nach seiner desaströsen Niederlage gegen den Argentinier Oscar Bonavena, damals der Fünfte auf Nat Fleischers Weltrangliste, gab er im *Aktuellen Sportstudio* dem Moderator Rainer Günzler ein ausführliches Interview, in dem er nichts sagte. Kein Wort, nicht eine Silbe kam über seine Lippen. Er schwieg konstant, wie die meisten Boxer schweigen, die einmal die Demütigung eines demoralisierenden

Knockouts erlitten haben und mit diesem bitteren Geschmack im Mund den Weg zurück in die Einsamkeit der Kabine gegangen sind. Der vom Fight noch gezeichnete Prinz, mit dunkler Sonnenbrille im verschrammten Gesicht, wußte an diesem Abend, was er seiner Selbstachtung schuldig war, weswegen er sämtliche Fragen des Interviewers ins Leere laufen ließ. Er blieb stumm wie ein Grab. Denn wovon man nicht sprechen will respektive kann, darüber muß man schweigen.

Selbstredend erzielte der Prinz mit seiner geringstmöglichen Aussage maximale Wirkung. Für die Journaille war er fortab »ein Fall, der nur noch für Psychiater interessant wäre«. Nicht weniger Sinn für Humor, geschweige denn Kunstverstand, zeigte der Bund Deutscher Berufsboxer, der den Talkverweigerer wegen »unsportlichen Verhaltens« auf Lebenszeit sperrte. Bald darauf hat man ihn zwar begnadigt, aber einem Volk, das seinen Prinzen einen »Großkotz« und »Autobahn-Mörder« schimpfte, mochte der so oft schon um Punkte, Prämien und Prestige Betrogene eigentlich nicht mehr dienen. Sonach lebte er lieber »vom Leben«, drehte mal kleine, mal größere Dinger, und wenn es das Drehbuch vorsah, spielte er, wie in Werner Herzogs Außenseiterballade *Stroszek*, einen authentischen Zuhälter.

»Der Mann ist Dynamit«, charakterisierte Wolf Wondratschek das verkannte Kraftgenie: »eine Seifenblase unter Starkstrom. Es wird bunt, wo er auftaucht. Auch wenn er abgeschminkt auftritt.«

Hinsichtlich seines Auftrittszaubers konnte hierzulande allenfalls noch das Kölner Box-Unikum Peter Müller dem Prinzen das Wasser reichen. Auch dieser Inszenierungskünstler, *de Aap*, wie man ihn im Rheinland rief, boxte nie mit tierischem Ernst. Er gestaltete seine Ringshow karnevalistisch, warf Kußhände ins Publikum, auch wenn er seinen Kampf verloren hatte, schnitt Grimassen, lächelte, imitierte den Gegner und nahm es mit Gelassenheit, wenn seine Anhänger ihm zu Reklamezwecken einen Affen in den Ring schickten. Müller quälte kein kompliziertes Gemüt. Er war eine zupackende Frohnatur, herzensgut und hochgradig gesellig. Allerdings, so erzählte der Mittelgewichtler, der immerhin fünf deutsche Meisterschaften feierte: »Wenn die Leute sagen, komm, Aap, jetzt trinken wir einen, dann antwortet der Pitter: Meine Herrschaften, ihre Einladung ehrt mich, aber ich muß mich zurückhalten. Ich trinke immer nur die eine Flasche Sekt, die mit zu meiner Gage zählt. Und Sekt ist nicht schädlich, Sekt ist Medizin.«

Legendär wurde der »Jeck im Ring« bereits zu Beginn seiner langjährigen Profilaufbahn. Es war der 7. Juni 1952, als der Lokalmatador im ausverkauften Kölner Eisstadion, von den fragwürdigen Entscheidungen des Kampfgerichts schon sichtlich in Rage gebracht, die Zügel schießen ließ und den Ringrichter Max Pippow mit einer gezielten Bilderbuch-Geraden auf die Bretter streckte. K.o. in der achten Runde. Nach vorübergehendem Lizenzentzug und einem kurzen Abstecher ins Lager der Catcher kehrte der kölsche Kohlhaas, gut gelaunt und burlesk wie ehedem, auf die Boxrampe zurück, wobei er fürder auch in der Gewichtsklasse der leichten Muse wirbelte, quasi als singender Tornado unter lauter Heulbojen: »Rrä, rrä bum, de Pitter fällt nit um...«

So kam einer vom Ring ins Radio, der fürwahr vor nichts zurückschreckte, am wenigsten vor sich selbst.

Daß Faustfechter sich mit Esprit, Stil und ästhetischem Flair in Szene setzen, daß die Pugilistik also mitnichten nur von dumpfen Archaikern praktiziert wird, dies hat uns natürlich niemand emphatischer eingebleut als Cassius Marcellus Clay, der seinen »Sklavennamen« später ablegte und sich fortan Muhammad Ali oder schlicht, aber treffend: *The Greatest* nannte. Denn wenn die Götter je einen der Ihren entsandt haben, den Menschen zu demonstrieren, daß Boxen eine Kunst des 20. Jahrhunderts ist, dann konnte nur Ali dieser Abgesandte sein. »Ich bin so schnell, daß ich im Bett bin, bevor die Lampe ausgeht, wenn ich abends das Licht ausknipse.« Dieser Magier aus Kentucky, der Dinge geschehen ließ, die mit bloßem Auge nicht zu erfassen waren, dessen Punch »von Geisterhand« kam, »der beste und martialischste Schlag, der je erfunden wurde«, wie Bernard-Marie Koltès schwärmte, war und wird es wohl noch auf Jahrzehnte bleiben: ein singuläres Phänomen.

Olympiasieger von Rom, lediglich fünf Niederlagen in 61 Profikämpfen, dreimaliger Weltchampion aller Klassen und damit der erfolgreichste Faustkämpfer aller Zeiten, das erklärt die Popularität eines Pugilisten – seine universale Faszination indes, die er auf Männer wie Frauen gleichermaßen ausübte und die, mit dem schwarzen Box-Tycoon Don King zu trompeten, sogar die Toten motivierte, erklärt das nicht. Was lockte uns Satellitenkinder nachts um drei vor die TV-Geräte, um den *Kämpfen des Jahrhunderts* beizuwohnen? Was trieb die Massen an die Seile, wenn das *Großmaul* boxte?

Es war die Ästhetik seiner Unberechenbarkeit, in der sich von Anfang an das Schöne mit dem Gefährlichen, das Anmutige mit dem Anarchischen durchdrang. Indem er änigmatisch, mithin unfaßbar war, wurde Ali charismatisch: verehrungswürdig und hassenswert, anziehend und abstoßend zugleich. »Amerikas größtes Ego«, adorierte ihn sein unermüdlicher Herold, der Schriftsteller und Skandalmacher Norman Mailer, der selbst ein passabler Boxer war, sogar mit José Torres sparrte, dem einstigen Halbschwergewichtsmeister und späteren Autor erhellender Boxermonographien. »Alis Ego«, rühmte Mailer, »überflutete jeden Felsbrocken, der ihn von seiner Bahn hätte ablenken können...« Wohl wahr, doch wird man den clownesken Irrwisch, den Poeten und politischen Missionar, die Symbolfigur der rebellierenden Schwarzen und den strahlenden

Ritter des Fernsehens, wird man also das Gesamtkunstwerk *Ali* in seiner weltumspannenden Wirkungskraft nur verstehen, wenn man Alis prismatischen Boxstil verstanden hat.

Zum Wiegezeremoniell vor seinem Kampf gegen den englischen Meister Henry Cooper in London, Sommer 1963, erschien der Newcomer mit einer Königskrone und einer Robe und erklärte den Anwesenden: »Ich bin der König der Welt!« Alsdann verkündete er sein Gesetz: »Ich bin super – in der Fünften fällt Henry Cooper.« Und so geschah es...

In gleicher Weise hatte er bereits zuvor dem routinierten Knockouter Archie Moore die tödliche Runde prophezeit. Dem nächsten Gegner widmete er die Verse: »King Liston will stay, / Only until he meets Cassius Clay. / Moore fell in four, / Liston in eight.«

Von spöttischen Schüttelreimen, kreischenden Wortsalven und dem irren Blick, der Mord und Totschlag verhieß, schon Tage vor dem Kräftemessen eingeschüchtert, ging auch Sonny Liston, der amtierende Weltmeister im Schwergewicht, vorzeitig k.o. Mochte ihn ganz Amerika für ein übergeschnapptes *loudmouth* halten – mit Clays Thronbesteigung am 25. Februar 1964 brach ein neues Boxzeitalter an. Denn nicht allein der Sieg, sondern vor allem die Art und Weise, wie der junge Außenseiter den von ihm so beschimpften »häßlichen Bären« erlegte, galten als Sensation.

In dieser ersten Phase seiner Regentschaft bestaunte die Welt den eleganten Boxkönig, der seine Kämpfe choreographierte, geschmeidig, schnell, leichtfüßig um den Gegner herumtänzelte, um ihn mit rasanten Kombinationen auszuknocken. »Schwirren wie ein Schmetterling, zustechen wie eine Biene.« Nach dieser Faustregel kreierte der Körperkünstler seinen unnachahmlichen *Shuffle*, der ihm den Ruf eintrug, die »schnellfüßigste Verkörperung menschlicher Intelligenz« zu sein. Als der Champ, mittlerweile überzeugter Anhänger der *Black Muslims*, 1967 seinen wichtigsten

Kampf bestritt, nämlich »nicht nach Vietnam zu gehen«, als er vor laufenden Fernsehkameras das politisch radikalste seiner unzähligen Gedichte und Aperçus vortrug – »I sing this song / I ain't got no quarrel with the Viet Cong« –, verlor er Boxlizenz und Meisterkrone und mit der Verbannung aus dem Sportbetrieb auch seine Souplesse.

Nach dreijährigem Auftrittsverbot boxte ein anderer Ali. Er hatte von seiner Schnelligkeit eingebüßt, sein Kampfstil war passiver, seine Schlagkraft vehementer geworden. Zudem bewies er jetzt erstaunliche *Nehmerqualitäten*. Nach wie vor gehörten die Pose, das Feixen, die clownesken Späße, der Größenwahn zu seiner Faustschrift, die »Psychologie des Körpers«, wie Mailer diese bizarre Verwirrungstaktik genannt hat. Evident aber blieb der Stilwechsel vom jungen, *klassischen* Clay zu einem Ali mit Stehvermögen, Mut und grandiosem Punch. In seinen berühmten Kämpfen gegen den 220-Pfund-Koloß George Foreman, 1974 in Kinshasa, und im Jahr darauf beim *Thrilla of Manila*, als es Joe Frazier war, der ihn »bis an den Rand des Todes« führte, retteten ihm diese neuen Tugenden nicht nur das Leben, sie schenkten ihm überdies zwei spektakuläre K.-o.-Siege. *They never come back* – seit Alis bengalischem Feuerwerk in der Buschnacht von Kinshasa war dieses Gesetz außer Kraft, weshalb ihn die Dichter, wie dereinst im boxfreudigen Hellas, zum Himmel hinaufphantasierten. Für Mailer war der fromm zu Allah betende Champ »ein Gott«. Ähnlich äußerten sich andere Chronisten, die im Gefolge des Afrikafahrers reisten und der Welt den Triumphator verkündeten: Budd Schulberg, Irwin Shaw, George Plimpton.

Derweil verdanken wir dem Literaturwissenschaftler und Boxforscher Jan Philipp Reemtsma die Entdeckung eines dritten Ali-Stils, nämlich die »bewußte Ironisierung« der ersten, der klassischen Variante – womit *der Größte* in die Postmoderne tänzelte. Seitdem der physisch nachlassende

Champ das Geschehen im Ring nicht mehr dominierte, simulierte er die eigene Legende: Was Kampfbeobachter und Kontrahenten für das Comeback des *alten Clay* hielten, war das verzweifelte Spiel eines Körperkünstlers, der mangels Kraftreserven die »Selbstparodie inszenierte«.

Wer über zwei Jahrzehnte »drei ganz verschiedene Stile« entwickelt, zeigt sich als höchst wandlungsfähiger Charakter, als ein boxendes *enfant flexible*. Nach Reemtsma sind es diese Identitätswechsel, die »Proteushaftigkeit« des Boxgenies, die seine epochale Anziehungskraft begründeten. Denn in seiner multiplen Sportlerpersönlichkeit, darauf läuft die Argumentation hinaus, faszinierte Ali als das »Urbild« eines Homo novus, der sich in Umrissen bereits andeutet: Es ist der *entindividualisierte* Mensch, ein technomorphes Wesen ohne Kern, das mit verschiedenen Ichs sich den komplexen Forderungen eines postindustriellen Funktionsorganismus anpaßt. Einerseits. Auf der anderen Seite war Ali »der Größte und der Schönste«, jedenfalls größenwahnsinnig genug, um zugleich das von ihm typisierte Massenwesen, die Menschmaschine, zu verachten. Das Fin de siècle hätte den Champion als mokanten Dandy gesehen, der exzentrische Nonkonformist der jüngsten Übergangsgesellschaft provoziert als megalomaner Medienstar. So beeindruckte das *loudmouth* die Welt und verstörte Amerika, das sich erst spät, teils auf diplomatischem Parkett, teils via Hollywood mit seinem schwarzen Boxidol versöhnte.

Vielleicht aber kommt man dem Faszinosum Ali auch noch mit einer anderen, vergleichsweise simplen Erklärung bei. Stets waren es Weltmeister im Schwergewichtsboxen, die zu Ikonen geformt wurden; die Namen anderer erfolgreicher Athleten sind dem Gedächtnis entfallen, die der Schwergewichtsweltmeister hingegen leben in der Saga fort. Der *Champ* nämlich ist per se eine sagenhafte Gestalt: Er ist der Mann von gewaltigem Körperbau, der sich im Wettstreit als der Stärkste unter den Riesen erwiesen hat. Vielleicht also hat Max Schmeling recht, wenn er vermutet, daß der Weltmeister im Schwergewicht, der Sieger aller Klassen, noch immer den mythischen Herakles verkörpert, den *Herkules Salvator*, der die Erniedrigten und Beleidigten aus ihrer Not errettet. Ali immerhin widmete, nachdem das weiße Establishment ihn rehabilitiert hatte, den Kampf gegen Oscar Bonavena und alle kommenden Fights »den Hilflosen und Opfern dieser Welt«. Womit er den Mythos nicht nur reflektierte, sondern zugleich der erste (und bis dato einzige) Boxer war, der ihn coram publico artikulierte. Der ihn verkündete.

Letzte Runde

> »Du kämpfst, bis du nicht mehr kannst, und
> was hast du am Ende davon?«
> Leonard Gardner, *Fat City*

Warum er Boxer geworden sei, wurde der irische Federgewichtsweltmeister Barry McGuigan einmal gefragt. Seine Antwort: »Weil ich kein Dichter bin. Ich kann keine Geschichten erzählen.« Dem Dichter Wolf Wondratschek stellte man die Frage, was er gerne geworden wäre. Er antwortete: »Boxweltmeister.« Im Schwergewicht, selbstredend.

Kopfarbeiter fanden Boxen schon immer attraktiv, schon in homerischen Zeiten. Und vice versa zog das Geistige seit je die Boxer an, in Stil und Eleganz, und nicht nur im Ring. Doch was, so fragen wir unter den Auspizien einer theoretischen Schlußfolgerung, was hält diese Wechselbeziehung in ihrem Innersten zusammen? Welche objektiven Antriebe, Merkmale und Mentalitäten teilt der Wortgewaltige mit dem schweigenden Muskelmann?

Der amerikanische Erzähler Nelson Algren, der einige der besten Geschichten über das Boxen geschrieben hat, bemerkte einmal über seinen Berufsstand: »Ich kenne keinen Schriftsteller, der nicht auch Boxer ist.« Wie das Boxen nämlich ist auch die Literatur keine moralische, sondern eine ästhetische Veranstaltung. Faustkämpfer und Schriftsteller schaffen sich ihr eigenes moralisches Universum. Nachfahren des vital anarchischen Achill, sind sie »Städtezerstörer«, destruktive Narzißten, die das Zivilisationsgefüge mit dem Hereinbruch des schockierend anderen konfrontieren: den bösen Träumen und dunklen Trieben, die wir aus dem Bewußtsein verdrängen, indem wir sie ignorieren oder unterdrücken. Nicht anders als die beunruhigenden Bilder eines Boxkampfs rütteln die sinistren Phantasien der Dichtkunst an den Gittern einer Ordnung, die sich den Wahnsinn schönfärbt und vernünftigredet. Die Wahrheit, daß wir nicht zu Hause sind in unserem Körper, zeigt sich nackt (halbnackt) in den gewalttätigen Ritualen der Boxer, oder eben an den Orten der Imagination, in den *guten Büchern*, von denen Nabokov forderte, sie sollten uns nicht denken, sondern erschauern lassen.

Beide, Poet wie Pugilist, stehen außerhalb der sozialen Ordnung. Sei es im Kostüm des Narren oder in der Rolle des Heroen. Ihr jeweiliger Beruf ist Berufung. Sie folgt keinen pragmatischen Zwecken, sondern existentiellen Bedürfnissen und subjektiven Notwendigkeiten. Schreiben und Boxen sind Formen des Lebens, deren Analogie jene Alles-oder-Nichts-Mentalität ist, die die Bereitschaft impliziert, vor dem (eigenen) Tod nicht haltzumachen. Bataille begreift den Beruf des Schriftstellers als lebensgefährlichen Agon, als riskantes Sichaussetzen. Weil es die Aufgabe des Schriftstellers sei, die emanzipatorischen Begierden, unseren Freiheitsdrang zu erregen, »muß er von Freiheit Gebrauch machen, die Freiheit zumindest in dem verkörpern, was er sagt«. Vergleichbar dem Boxer, der sich im magischen Raum des Rings als absolut selbständiges Individuum zeigt, ist er ein »authentischer Spieler«. Durch die Gefährdung, der sich beide, wenn auch je anders, aussetzen, entkommen sie der Verdinglichung und gewinnen ihre Identität. Manchmal sogar noch mehr: Anerkennung, Lorbeer, Erfolg und Vermögen. Menschliche Größe freilich gewinnt man erst in der Niederlage; denn Siege, sie kosten nichts.

»Du mußt erst furchtbar verletzt werden, bevor du ernsthaft schreiben kannst«, gab Hemingway seine Erfahrungen in einem Brief an Scott Fitzgerald weiter. Der Ex-Champ George Foreman meinte: »Man muß die Niederlage kennengelernt haben, bevor man den Sieg zu schätzen weiß.«

Nur die Niederlage ist vollkommen. Denn der Schmerz,

zu verlieren, ist Schmerz ohne Ende. »Es fühlt sich nicht schlecht an, wenn du k. o. gehst«, schilderte Floyd Patterson seinen Niederschlag im zweiten Kampf mit Sonny Liston, »dann aber verläßt dich dieses gute Gefühl. Dir wird klar, wo du dich befindest, was du da treibst und was gerade geschehen ist. Und was dann kommt, ist ein Schmerz, ein ungewisser Schmerz – kein physischer Schmerz, sondern einer, der sich mit Wut vermischt; es ist ein Was-werden-die-Leute-denken-Schmerz, ein Schande-über-mich-Schmerz... Und alles, was du dann willst, ist eine Falltür in der Mitte des Rings – eine Falltür, die sich öffnen wird und dich durchsegeln läßt, bis du in deiner Umkleide landest, statt an all diesen Leuten vorbei aus dem Ring steigen zu müssen. Das Schlimmste am Verlieren ist, daß man da aus dem Ring muß und unter diesen Leuten ist...«

Wer sich dem Urteil der Öffentlichkeit aussetzt, riskiert, sein Gesicht zu verlieren. Dies weiß der Boxer, das kennt der Dichter, der mit seinem Buch, seinem Bühnenstück, seiner Person ins Licht der Scheinwerfer rückt – immer in der hybriden Hoffnung auf Meriten, stets mit der Angst vor Ablehnung und Blamage. Auch im Literaturbetrieb gibt es die Hintermänner in der Ringecke: Agenten, Verleger, Lektoren; Leute, die wissen, wie man einen Autor aufbaut, wie man ihn *macht*. Seine Kämpfe jedoch, die Strapazen des Schreibens, die qualvollen Strecken auf dem Papier, das tägliche Wortestemmen und Gedankenboxen, diese endlosen, kräftezehrenden Kämpfe um Ausdruck, Stil und Sprachgewalt, die der Veröffentlichung eines Werks vorausgehen, muß er allein austragen, und zwar »mit jener Eigenschaft der größten Puncher: Schläge hinnehmen können, stehn...« (Gottfried Benn).

Es ist ein langer, mühsamer Weg nach oben, der Disziplin und Askese verlangt, ein Exerzitium, das aus dem Agonisten ein asoziales Wesen macht. Wer sich auf den nächsten Ringauftritt vorbereitet respektive an einem Buch arbeitet, wählt die Einsamkeit des Eremiten: abgekapselt von den Lockrufen und Einflüssen der Umwelt, eingespannt in den regelmäßig wiederkehrenden Ablauf der immergleichen Tortur. Von Rocky Marciano, der im Besitz einer der härtesten Fäuste des 20. Jahrhunderts war, wissen wir, daß er tatsächlich wie ein Mönch trainierte: Während der letzten zehn Tage seiner dreimonatigen Trainingscamps, in denen der Name des Gegners tabu war und überhaupt viel geschwiegen wurde, brach er alle Kontakte zur Außenwelt ab. Kein Briefverkehr, keine Telefonate, nicht einmal mehr ein Händedruck. Alles, was seine Konzentration auf das bevorstehende Kräftemessen hätte stören können, wurde systematisch aus dem Bewußtsein verbannt. Marciano fixierte sein ganzes Menschsein, Körper, Seele und Geist, auf das Imago des Herausforderers: am Sandsack, beim Seilspringen, im Sparring, unter den knetenden Händen seines Masseurs und über dem Teller seiner Diätkost. Seine extreme Selbstkasteiung gehorchte der alten Faustregel, daß Boxen primär »durch den Kopf geht« (Manfred Wolke) und daß ein Fight nicht nur über die Fünfzehn-Runden-Distanz, die mitunter kurze 40 Sekunden lang sein kann, entschieden wird, sondern vor allem in den Wochen und Monaten der gewissenhaften Vorbereitung, der totalen Hingabe, des Sichaufopferns für ein Ziel.

»Es ist dieselbe fanatische Unterwerfung der eigenen Persönlichkeit unter ein selbstgewähltes Schicksal«, zog Joyce Carol Oates die Parallele zwischen dem Boxer und dem Künstler. Die ihrer kaninchenhaften Produktion wegen bestaunte Autorin, notabene eine regelmäßige Besucherin der Großkampftage im Madison Square Garden, hat oft davon berichtet, daß sie zehn, fünfzehn Stunden an einem Text feilen kann, bis ein Abschnitt oder eine knappe Seite ihren künstlerischen Ansprüchen genügt. Schreiben, befand ihr Leidensgenosse Hemingway, sei das Härteste, was es gibt. Schreiben nötigt dem Sprachathleten alles ab. Allein, es hält ihn am Leben; dem Schreiben verdankt er seine Existenz, seine Erfolge. Auf daß ihn der Erfolg nicht verläßt. Denn Komplizen in ihrem Einzelgängertum, verbindet Dichter und Boxer auch die Furcht vor dem Absturz.

Die Angst zu scheitern haben alle Weltmeister bekundet, von Jack Johnson bis Henry Maske. Selbst dem *Größten* rutschte das Herz in die Boxershorts. »Jedesmal, wenn ich in den Ring klettere, stehe ich Todesängste aus«, gestand Clay/Ali seinem Assistenztrainer *Bundini* Brown: »Ich habe Angst, weil ich nach der Angeberei, nach den Prophezeiungen und dem Wunsch der Zuschauer, mich verprügelt zu sehen, tief in der Klemme sitze. Wenn ich verliere, jagen sie mich aus dem Land. Ich hocke auf einem dünnen Ast und weiß, daß ich gewinnen muß.«

Erfolgsdruck, gepaart mit Todesangst, kann zwar, wie nicht nur das Beispiel Ali beweist, produktiv genutzt werden, doch gilt am Ende und von Ausnahmen abgesehen das Gesetz der schwarzen Serie: *The bigger they are, the harder they fall*. Fast alle Boxer kamen aus dem Nichts und kehrten ins Nichts zurück. Oder wie Eddi Lewis, Ich-Erzähler in Budd Schulbergs Bestseller *The Harder They Fall* (dt. *Schmutziger Lorbeer*), sagt: »Ein alter Boxer, der herumgeschlagen worden ist, sein Blut zur Belustigung der Sportbegeisterten freigebig vergossen hat und schließlich arm wie eine Kirchenmaus, zerschlagen und vergessen endet – in dem steckt, meiner Meinung nach, genug Stoff für eine Tragödie.«

Literaten gehen gerne über Leichen. Wo es nach Hybris und Hades riecht, zücken sie ihre Stifte, wo die riskanten Abenteuer zu menschlichen Schicksalen werden, fällt Material ab, Stoff für Tragödien, Romane und schaurige Balladen. Auch darum übt Boxen eine so starke Anziehungskraft auf die Dichter aus: Es liefert die heroischen Desaster, die tragischen Vom-Olymp-zur-Hölle-Geschichten.

Als wäre der vampireske Wortwerker nicht selbst ein rettungsloser Hasardeur des Malheurs! Als stammte nicht alle

Kunst von Gescheiterten und Erledigten. Als kämpfte der Schriftsteller nicht den gleichen Kampf gegen die fatale Niederlage, gegen seine Angst, »mit den leeren Seiten in die Ewigkeit zu fallen« (Wolfgang Koeppen).

Die Dichter und die Boxer – zum Siegen geboren, zum Scheitern verdammt. Nelson Algren, in den vierziger, fünfziger Jahren als Romancier gefeiert und von Hollywood hofiert, lebte zuletzt von der Sozialfürsorge und starb in Vergessenheit. Jack London, der sich aus dem Elend eines Herumtreibers in die High-Society geschrieben hatte und danach immer lustloser sein Tagespensum heruntertippte, machte seiner von Debauche und Depressionen zerrütteten Trinkerexistenz freiwillig ein Ende. Joe Louis saß im Rollstuhl, nachdem er durch Schuldenberge und Aushilfsjobs, Psychosen und Kokainsucht getrudelt war. Sonny Liston war achtundreißig, als er unter mysteriösen Umständen an einer Überdosis Heroin starb. Auch Hemingway hatten die Musen auf den Gipfel des Weltruhms geführt, bevor sein Abstieg in Schreibunfähigkeit und Paranoia begann. Im Unterschied zu Bubi Scholz, der im Rausch versehentlich seine Frau erschoß, richtete der Literaturmeister die Jagdflinte gegen sich selbst. Für das italienische Boxwunder Anacleto Locatelli, zweifacher Europameister im Leichtgewicht, der das Publikum mit seiner *poetry in motion* zu Beifallsstürmen hingerissen hatte, war unter den Brücken von Paris Endstation Sehnsucht. Er endete als Clochard.

Die am Erfolge scheitern. Unter diesem Titel publizierte Sigmund Freud 1916 einen Aufsatz, der von Fällen berichtet, in denen die Neurose nicht aus der Verweigerung, sondern, im Gegenteil, aus der Erfüllung des lange Erhofften resultiert. Diesen Menschen erwächst »aus der glücklichen realen Veränderung« die Seelenpein, diagnostiziert als Niedergeschlagenheit und Verfolgungswahn. »Es sieht dann so aus«, schreibt Freud, »als ob sie ihr Glück nicht vertragen würden.«

Einen »Sport für Verrückte« nannte der amerikanische Romanautor Leonard Gardner – auch er ein Kämpfer mit knolliger Verlierernase – das Boxen. Freilich ergötzt uns dieser Wahnsinn, der Helden gebiert und vernichtet, dem bisweilen Geniales entspringt und der in seiner grausamen Schönheit nie paradoxer ist als das Dasein selbst, seit präolympischen Zeiten. Die Sumerer kultivierten den Faustkampf bereits vor 5 000 Jahren, wie die älteste, in einem Tempel gefundene Darstellung boxender Männer belegt. Auch in den frühen Hochkulturen der Ägypter und Chinesen war die süße Kunst zu verletzen ein beliebter, von den Göttern beäugter Zeitvertreib.

Wir sehen: Wo Spiel und Kultur, wo ein Gefühl für Rhythmus und Risiko sich regten, wo der Mensch den Triumph der guten Mächte über das Böse mimetisch-rituell erflehte, wurde geboxt. Müssen wir erwähnen, daß die ersten Schriftsteller ebenfalls Sumerer waren? Daß die Anfänge des Schreibens mit den Ursprüngen des Boxens koinzidieren? Die frühesten Keilschriften wurden mit einem Rohrgriffel in Tontafeln eingedrückt. Eine aus Sicht der Zeitgenossen wohl etwas umständliche Mitteilungsform. Ließen sich die Zeichen doch sehr viel plastischer an den Gesichtern der Faustkämpfer ablesen, deren *Keilschriften* die Welt erzählten und dabei das Wesentliche sagten: Man kann sich nicht verstecken, und man kann nicht weglaufen, sondern nur einstecken, austeilen und mit dem Lächeln des Verlierers über die Runden kommen.

Wahrhaftig, ein *Sport für Verrückte*.

Literatur

Ali, Muhammad/Durham, Richard: Der Größte. Meine Geschichte. Aus dem Amerikanischen übersetzt von Dieter Dörr, Gisela Stege, Norbert Wölfl. München/Zürich 1976

Arroyo, Eduardo: ›Panama‹. Das Leben des Boxers Al Brown. Deutsch von Anna Kamp. Düsseldorf 1984

Artaud, Antonin: Das Theater und sein Double. Das Théâtre de Séraphin. Deutsch von Gerd Henninger. Frankfurt am Main 1969

Bataille, Georges: Die Aufhebung der Ökonomie. Herausgegeben von Gerd Bergfleth. Übersetzt von Traugott König, Heinz Abosch und Gerd Bergfleth. München 1985

Ders: Der heilige Eros. Herausgegeben und übersetzt von Max Hölzer. Neuwied 1963

Brecht, Bertolt: Der Kinnhaken und andere Box- und Sportgeschichten. Herausgegeben und mit einem Nachwort von Günter Berg. Frankfurt am Main 1995

Brown, Frederick: Jean Cocteau. Eine Biographie. Aus dem Amerikanischen von Jürgen Abel. Frankfurt am Main 1985

Burgess, Anthony: Ernest Hemingway. Mit 105 Abbildungen. Aus dem Englischen von Joachim A. Frank. Hamburg 1980

Byron, George Gordon Lord: Sämtliche Werke. In der Übertragung von Otto Gildemeister und Alexander Neidhardt. Überarbeitet, ergänzt und mit Anmerkungen herausgegeben von Siegfried Schmitz. Drei Bände. München 1977 f.

Cendrars, Blaise: Sternbild Eiffelturm. Nächtliche Rhapsodie. Aus dem Französischen von Trude Fein. Zürich 1982

Cravan, Arthur: Der Boxer-Poet oder Die Seele im zwanzigsten Jahrhundert. Aus dem Französischen übersetzt von Pierre Gallissaires und Hanna Mittelstädt. Hamburg 1991

Diem, Carl: Lord Byron als Sportsmann. Köln 1950

Doblhofer, Georg/Mauritsch, Peter: Boxen. Texte, Übersetzungen, Kommentar. Unter Mitarbeit von Ursula Schachinger (Quellendokumentation zur Gymnastik und Agonistik im Altertum). Wien/Köln/Weimar 1995

Elias, Norbert: Über den Prozeß der Zivilisation. Soziogenetische und psychogenetische Untersuchungen. Zwei Bände. Frankfurt am Main 1976

Flechtheim, Alfred u.a. (Hg.): Der Querschnitt. Zeitschrift für Kunst und Boxsport. Berlin. Jahrgang 1. 1921

Fleißer, Marieluise: Gesammelte Werke. Vier Bände. Frankfurt am Main 1972 ff.

Freud, Sigmund: Gesammelte Werke. Chronologisch geordnet. Herausgegeben von Anna Freud u.a. Band 1-18. Frankfurt am Main 1961 ff.

Gardner, Leonard: Fat City. Roman. Aus dem Amerikanischen von Ursula Locke-Groß und Michael Naumann. Reinbek bei Hamburg 1991

Grant, Michael: Die Gladiatoren. Aus dem Englischen übersetzt von Brigitte Mannsperger und Egidius Schmalzriedt. Stuttgart 1970

Gumbert, Hans Ludwig (Hg.): Lichtenberg in England. Dokumente einer Begegnung. Zwei Bände. Einleitung und Text. Mit 139 Abbildungen. Wiesbaden 1977

Gurk, Paul: Berlin. Roman. Berlin/Darmstadt 1980

Hauser, Thomas: Muhammad Ali. His Life and Times. New York 1991

Heckmann, Herbert: Der Faustkampf als edle Kunst. Boxen, in: Sarkowicz, Hans (Hg.): Schneller Höher Weiter. Eine Geschichte des Sports. Frankfurt am Main und Leipzig 1996

Hemingway, Ernest: Ausgewählte Briefe 1917-1961. Glücklich wie die Könige. Herausgegeben von Carlos Baker. Deutsch von Werner Schmitz. Reinbek bei Hamburg 1984

Ders.: Fiesta. Roman. Aus dem Amerikanischen von Annemarie Horschitz-Horst. Reinbek bei Hamburg 1977

Ders.: Die Stories. Deutsch von Annemarie Horschitz-Horst. Reinbek bei Hamburg 1966

Holroyd, Michael: Bernard Shaw. Magier der Vernunft. Eine Biographie. Deutsch von Wolfgang Held. Frankfurt am Main 1995

Koltès, Bernard-Marie: Prolog und andere Texte. Aus dem Französischen von Simon Werle. Frankfurt am Main 1992

Kortner, Fritz: Aller Tage Abend. München 1969

Krockow, Christian Graf von: Sport und Industriegesellschaft. München 1972

London, Jack: Der Ruhm des Kämpfers. Von Boxern, Stierkämpfern und aufrechten Männern. Erzählungen. Übersetzt von Erwin Magnus. Frankfurt am Main/Berlin 1987

Ders.: Reports. War Correspondence, Sports Articles and Miscellaneous Writings. Edited by King Hendricks and Irving Shepard. New York 1970

Lowry, Robert: Tag, Fremder. Roman. Deutsch von Carl Weissner. Hamburg 1996

Maeterlinck, Maurice: Die Intelligenz der Blumen. Übertragen von Friedrich von Oppeln-Bronikowski. Jena 1924

Mailer, Norman: Der Kampf. Ins Deutsche übertragen von Gisela Stege. München/Zürich 1976

Ders.: ... und nichts als die Wahrheit. Essays, Studien, Glossen. Deutsch von Gisela Stege. München/Zürich 1973

Maske, Henry: Mein Box-Lexikon. Aufgezeichnet von Bertram Job. Frankfurt am Main 1995

Mattheus, Bernd: Georges Bataille. Eine Thanatographie. Drei Bände. München 1984-1997

Maurois, André: Lord Byron. Biographie. Aus dem Französischen von Hans A. Neunzig. München 1979

Mead, Chris: Champion Joe Louis. Black Hero in White America. New York 1985

Musil, Robert: Der Mann ohne Eigenschaften. Roman. Reinbek bei Hamburg 1978

Ders.: Tagebücher, Aphorismen, Essays und Reden. Herausgegeben von Adolf Frisé. Hamburg 1955

Oates, Joyce Carol: Über Boxen. Ein Essay. Aus dem Amerikanischen von Ursula Locke-Groß. Zürich 1988

Philonenko, Alexis: Histoire de la Boxe. Paris 1991

Plimpton, George: Shadow Box. London 1989

Poliakoff, Michael B.: Kampfsport in der Antike. Das Spiel um Leben und Tod. Ins Deutsche übertragen von Hedda Schmidt. München/Zürich 1989

Reemtsma, Jan Philipp: Mehr als ein Champion. Über den Stil des Boxers Muhammad Ali. Stuttgart 1995

Roth, Joseph: Werke. Herausgegeben von Fritz Hackert und Klaus

Westermann. Das journalistische Werk. Band 2: 1924-1928. Köln 1990

Scherbauer, Sepp: Die großen Boxsport-Stars. München 1994

Schmeling, Max: Erinnerungen. Frankfurt am Main/Berlin/Wien 1977

Scholz, Bubi: Der Weg aus dem Nichts. Frankfurt am Main/Berlin/Wien 1982

Schwarz, Karl: Dichter deuten den Sport. Teil I: Deutsche Dichter. Teil II: Ausländische Dichter. Literarische Essays und Porträts. Schorndorf bei Stuttgart 1967

Shaw, George Bernard: Cashel Byrons Beruf. Übertragen von Alfred Bieger. München 1960

Ders.: Berufsboxen zu meiner Zeit, in: Schwarz, Karl: Dichter deuten den Sport, a.a.O.

Stone, Irving: Zur See und im Sattel. Das Leben Jack Londons. Übersetzung von Hans Steinsdorff. Hamburg 1955

Wondratschek, Wolf: Menschen Orte Fäuste. Reportagen und Stories. Mit Bildern von Roswitha Hecke. Zürich 1987

Zola, Emile: Literatur und Leibesübungen, in: Schwarz, Karl: Dichter deuten den Sport, a.a.O.

Bildnachweis

Ullstein Bilderdienst, Berlin: Abb. 7, 9, 10, 13, 14.

Inhalt

Ecce homo (Faustskizze) 7

Das Vergnügen der Götter 11

Im Circus 21

Lob des Rummelboxens 25

Moderne Regeln, archaische Begierden 33

Sportfieber 46

Geist und Tat 60

Box-Künstler 78

Letzte Runde 96

Literatur 103